基于知识的高技术企业
抗风险能力研究

RESEARCH ON THE KNOWLEDGE-BASED
RISK RESISTANCE CAPACITIES OF
HIGH-TECH ENTERPRISES

唐　泳／著

社会科学文献出版社
SOCIAL SCIENCES ACADEMIC PRESS (CHINA)

前　　言

为了在动态竞争环境下抵御风险和获取竞争优势，企业必须具备一定的抗风险能力。自 20 世纪 90 年代以来，知识及其积累所发挥的全新作用不仅改变着企业的经营环境，也重新界定了企业各项活动的内涵。知识的积累有利于风险的递减。面对知识经济中企业及其与外部环境的关系所出现的新特征，本研究将企业能力研究与知识研究相融合，借鉴知识管理、风险管理和竞争优势的相关研究成果，试图从知识的视角揭示企业抗风险能力的本质与构成，并探讨其与企业竞争优势的关系。鉴于高技术企业所具有的高知识和高风险的典型特征，本研究以高技术企业作为实证对象。本书主要包括基于知识的高技术企业抗风险能力的理论研究和基于知识的高技术企业抗风险能力与竞争优势关系的实证研究两个层次。研究的主要内容包括：①企业抗风险能力的概念和内涵的界定；②从知识的视角对企业抗风险能力的构成要素进行划分，并设计了基于知识的企业抗风险能力的测度量表；③对基于知识的企业抗风险能力的演化过程进行探讨，并结合典型案例进行研究；④构建基于知识的企业抗风险能力与竞争优势的关系模型，结合对高技术企业的实证研究，揭示基于知识的抗风险能力的各构成要素与企业竞争优势的作用关系。

基于上述研究内容，本书得出了以下主要结论：①企业抗风险能力的本质是知识。②基于知识的企业抗风险能力包括知识吸收能力、知识创造能力、知识整合能力和组织知识四个构成要素。③基于知识的企业抗风险能力的演化本质上就是知识的演化过程，其由感知、变异、选择、复制和保持五个阶段构成，其演化的结果影响着企业的竞争优势。个体因素、组织因素和外部环境因素是企业抗风险能力演化的主要推动因素。④基于知识的抗风险能力对高技术企业的竞争优势有正向影响作用。但企业抗风险能力的各构成维度对竞争优势的作用是不同的，吸收能力、创造能力和组织知识对企业竞争优势有直接显著的影响。其中，动态要素（吸收能力和创造能力）对竞争优势的作用要大于静态要素（组织知识），知识创造能力是影响企业竞争优势的最主要因素。整合能力则通过组织知识的中介作用间接影响企业竞争优势。

本研究在以下方面显示了一定的创新性。

（1）独特的研究视角。本研究从知识的独特视角切入。知识的获取和开发会显著地降低风险，但有关风险和知识的研究文献很少关注它们之间的重要关系。从知识视角研究抗风险能力切中企业抗风险能力的知识本质，使得研究视角更为聚焦、边界更为清晰，有助于克服企业抗风险能力研究中概念宽泛、视角分散等不足，提升了研究的严谨性和系统性。

（2）对基于知识的高技术企业抗风险能力构成要素的划分。引入知识观的理论研究视角，结合高技术企业风险的特征，从知识的视角将企业抗风险能力的构成要素划分为知识吸收能力、知识创造能力、知识整合能力和组织知识四个方面。对企业抗风险能力构成要素的划分挖掘了能力背后隐含的更为具体的知识和能力。该划分不仅体现了企业抗风险能力所应具有的静态和动态双重特征，克服了以往企业能力研究中动态研究与静态研究相互脱节的问题，而且兼顾了企业在不确定环境中抵御风险必须具备的柔性和刚性，弥补了以往研究的不足，即只关注柔性，忽视适度刚性对企业应对不确定性变化的重要作用。

（3）对基于知识的高技术企业抗风险能力的测度。本研究通过开发基于知识的高技术企业抗风险能力的测度量表，从知识吸收能力、知识创造能力、知识整合能力和组织知识四个维度对抗风险能力进行测度。该测量模型将企业抗风险能力这个抽象模糊的概念转变为组织知识以及对知识的吸收、创造和整合的具体活动，显著地提高了研究测度的可观测性和可操作性。该测度量表的构建，为尚处于起步阶段的企业抗风险能力评价及其与其他管理变量之间关系的定量化实证研究提供了具有可操作性的研究工具。

（4）揭示了高技术企业抗风险能力的知识本质及其演化过程。通过分析知识积累与风险递减的关系，揭示了企业抗风险能力的知识本质。高技术企业抗风险能力的演化本质上就是知识的演化过程。借鉴传统的企业演化理论研究观点，结合企业抵御风险的实践需要，创新性地加入了感知阶段，从感知、变异、选择、复制和保持五个阶段对高技术企业抗风险能力的演化过程进行了分析。

（5）揭示了基于知识的高技术企业抗风险能力与竞争优势之间的影响关系和作用路径。对企业能力的研究都应关注其与竞争优势的作用关系，但如何将理论与实证研究相结合分析企业能力与竞争优势的关系，探索动态不确定环境下企业能力对竞争优势的形成或作用机理，仍然是战略管理领域面临的研究难题。本书通过构建概念模型和实证研究，探索了基于知识的高技术企业抗风险能力与企业竞争优势的作用关系。对抗风险能力构成中静态的知识资源和动态的知识能力与企业竞争优势作用关系的揭示凸显了理论的创新性，也为知识经济时代研究高技术企业竞争优势形成的内在机理提供了新的视角。

Preface

In order to resist risks in a dynamic competitive environment and get competitive advantages, enterprises must have the abilities to resist risks. Since the 1990s, the new roles played by knowledge and knowledge accumulation have not only changed the business environment, but also redefined the meaning of enterprise activities. Knowledge accumulation is benefit for the decline of risk. Facing with the new characteristics of the enterprises and their relationship with the external environment in the society of knowledge economy, this study integrated the corporate competence and knowledge. Based on the research theories of knowledge management, risk management and competitive advantage, the paper focuses on the risk resistance capacities from the perspective of knowledge, and attempts to reveal its relationship with the enterprises' competitive advantages. Considering the typical characteristics as high knowledge and high risk of the high-tech enterprises, this study chooses high-tech enterprises as the empirical research objects. This paper consists of the theoretical research of the knowledge-based enterprise risk resistance capability and the empirical study of the relationship between the risk resistance capabilities and the high-tech enterprises' competitive advantages.

The main contents of the paper include: (1) The concept of enterprise risk resistance capability; (2) The analysis of the elements of knowledge-based enterprise risk resistance capability, and the design of an evaluation scale for knowledge-based enterprise risk resistance capability; (3) The analysis of the evolution process of knowledge-based enterprise risk resistance capability, and combined with a typical case study; (4) The design of a conceptual model of the relationship between the knowledge-based enterprise risk resistance capabilities and high-tech enterprises' competitive advantage. Combined with the empirical study of high-tech enterprises, the paper reveals the relationship between the knowledge-based enterprise risk resistance capabilities and high-tech enterprises' competitive advantage.

Based on the above researches, this paper draws the following conclusions.

(1) The essences of enterprise risk resistance capabilities is knowledge. (2) The knowledge-based enterprise risk resistance capabilities consist of knowledge absorptive capability, knowledge creation capability, knowledge integration capability and organizational knowledge. (3) The evolution of the knowledge-based enterprise risk resistance capability is essentially the evolution of knowledge. It consists of perception, variation, selection, duplication and maintaining stage. Individual factors, organizational factors and external environmental factors are the main driving factor of the evolution. (4) The knowledge-based enterprise risk resistance capabilities have positive effects on the high-tech enterprises' competitive advantage. Among those elements, absorptive capacity, creation capacity and organizational knowledge have direct effect on competitive advantage. The impacts of dynamic elements (absorptive capacity and creation capacity) are more important than the static element's (organizational knowledge). The knowledge creation capacity is the main factor affecting the high-tech enterprises' competitive advantage. Integration capability must impact competitive advantage indirectly through organizational knowledge.

This paper gets some innovations in the following aspects.

(1) Unique research perspective. Knowledge acquisition and development will obviously lead to risk reducing, but their important relationship had been paid little attention to in the research literatures about risk and knowledge. Studying the risk resistance capability from the knowledge perspective makes the research more focused and clearer.

(2) The constructs of the knowledge-based risk resistance capability of high-tech enterprises. Introducing knowledge research perspective, combining high-tech enterprises' characteristics, the study defined the knowledge-based enterprise risk resistance capabilities consisting of knowledge absorptive capacity, knowledge creation capacity, knowledge integration capacity and organizational knowledge. The division reflects the static and dynamic characteristics of the risk resistance capacities, overcomes the problem of dynamic research being divorced from static research in the enterprise ability study, and also considering the flexible and the rigid, make up for the problem which ignors rigidity in the uncertain environment.

(3) The knowledge-based risk resistance capability of high-tech enterprisesis is measured. This research through designed the measurement questionnaire of the knowledge-based enterprise risk resistance capability changes the abstract concept into organizational knowledge and the process of knowledge absorption, creation and integration, significantly improves the study's observability and maneuverability. The design of this measure scale provides a workable research tool for the evaluation of risk resistance capability and its relationship with other management variables.

(4) The knowledge essence and the evolution process of the risk resistance capability are revealed. Through the analysis of the relationship between knowledge accumulation and risk decreasing, the research reveals the knowledge essence of the risk resistance capability. The evolution of enterprise risk resistance capability is essentially the knowledge evolution. According to the traditional theory of

enterprise evolution research, combined with the practice, the perception stage has been innovatively joined into the evolution process of the risk resistance capability.

（5）The relations between the knowledge-based risk resistance capability and high-tech enterprises' competitive advantage are analysed. The research of enterprise capability will be ultimately attributed to competitive advantage, but how to analyze the relationship between corporate capability and competitive advantage with the theoretical and empirical research approach, exploring the formation or influence mechanism of competitive advantage in a dynamic uncertain environment, are still to be solved in strategic management field. The paper reveals the relationship of the knowledge-based risk resistance capability and high-tech enterprises' competitive advantage through a conceptual model and the empirical study. This study integrated dynamic and static dimensions of knowledge to explore the effect of the dynamic knowledge flow and static knowledge stock for enterprises to against risks and gain competitive advantage. The revealing of the relationship of the static knowledge resources and dynamic knowledge capabilities with enterprises' competitive advantage highlight the theoretical innovation. And it also provides a new research perspective for the intrinsic mechanism of high-tech enterprises' competitive advantage in the era of knowledge economy.

目　录

图表目录

第一章　绪论

伴随着日趋激烈的全球化竞争、日新月异的技术进步和不断变化的顾客需求，不确定性已成为企业环境的一个不可忽视的属性。企业的持续发展需要承受环境中不确定因素的影响，一定的抗风险能力才能使企业从容应对各种不确定性。抗风险能力同企业的绩效、成本或效率等一样，可以反映出不同企业的能力特性。知识经济时代的来临，使得企业管理中"资源配置"的核心问题正在被"资源创造"所代替，企业当前的资源和能力被视为不断培育未来竞争优势所需的新能力的基础。企业间的竞争规则正在被改变，以知识为主体的竞争形态逐渐成为企业竞争的主流，知识决定竞争力。环境的复杂性和企业的可持续发展要求使人们必须采用新的研究视角和研究方法。因此，在动荡复杂的新竞争环境中，从知识的视角正确认识企业抗风险能力的构成，研究企业抗风险能力各构成要素对企业竞争优势的作用关系，是帮助企业提升竞争优势和促进可持续发展的重要理论基础。

第一节　研究背景

一　以知识为基础的新的经济形态已经形成

随着新技术革命的发展，高新技术企业作为高技术的载体，已经逐渐成为现代国家重要的经济增长点，受到越来越多的关注。所有发达国家都将发展重点放在高新技术产业上，把高新技术产业作为增强综合国力的战略措施。高新技术企业作为高新技术产业的载体，其整体水平决定高新技术产业的发展状况，影响着一个地区或国家的经济发展水平。

知识经济时代，知识已成为企业生产要素中最重要的组成部分，在增强企业创业能力、促进企业技术创新以及提升企业绩效等方面起到关键作用。彼得·德鲁克（2009）指出，知识是关键的经济资源，而且是竞争优势的主导性来源。企业向消费者提供的产品或服务就是人们通过劳动将知识与物质资源相结合的产物。随着人类社会生产力的提高，特别是科学技术的发展，知识对产品生产的贡献度越来越大，甚至出现了几乎全部由知识凝结成的知识产品。在这一全新的以知识为资源基础的社会生产力系统中，传统企业依靠规模数量增长的外延式成长方式已受到了挑战。企业财富的增长主要依靠知识等无形智力资源的作用，开发与利用有形物质资源，因此区域竞争的焦点也从传统产业向高技术产业转移，高技术产业正在逐步成为社会产业结构中的骨干和先导。自20世纪90年代后期以来，随着科学技术进步的不断加速，我国的高技术产业得到了快速增长，成为拉动GDP增长的有力因素。以知识为基础的高技术企业，其规模和数量都在不断地增长，尤其计算机、通信、生物医药、新材料等高新技术产业的迅速成长。高技术企业的发展已成为以知识为基础的新经济形态下的重要标志之一。2010年我国共有高技术企业28189家（年销售收入在500万元及以上的企业），2010年我国高技术产业实现总产值74708.9亿元，实现利税

6753.1亿元①。国家发展和改革委员会高技术产业司发布的统计数据显示，2011年，我国规模以上高技术制造业总产值已达到9.2万亿元，比2006年翻了一番，产业规模居世界第二位，占全年国内生产总值的19.4%。作为高技术产业的微观载体，高技术企业具有高知识、高投入、高风险的特征。面对内外部环境中技术、市场、管理等各方面新知识爆炸式增长所带来的不确定性风险因素，高技术企业面临着发展环境变化的严峻挑战。基于知识的竞争已成为高技术企业获取竞争优势时面临的主要挑战。企业的竞争优势越来越多地取决于企业所拥有的知识及其获取、创造和整合知识这一最重要的生产要素的能力，即将企业的知识资源转化为应对环境风险的适应能力和创新能力。

二　企业经营环境的不确定性增加

任何组织都生存于特定的环境之中，企业面临的经营环境包括企业及其赖以生存的商业生态系统。在知识经济、全球经济和网络经济的推动下，企业的经营环境正从原来相对稳定的静态环境向日益复杂多变的不确定环境转变。相对于稳定的环境，不确定性环境以高度的动态性、复杂性和不可预测性为特征。从企业自身看，产品种类增多且更新换代速度加快，管理层级和职能部门的设置更加灵活，企业决策所需的信息量日益增加且更加复杂，企业规模不断扩大但边界日趋模糊。从企业外部看，技术变革加速，顾客偏好多样化，宏观和行业环境中的各种因素以及竞争对手的反应都存在不确定性。在这样的环境中，与企业生存息

---

① 国家统计局、国家发展和改革委员会、科学技术部：《中国高技术产业统计年鉴2011》，中国统计出版社，2012。

息相关的关键环境因素越来越多，越来越复杂。过去需要经历很长时间才能完成的变化，现在只要很短时间就完成了，而且变化通常是以人们意料不到的方式发生。企业经营环境的转变，不仅使得企业面临各种风险的可能性大大增加，相应也会扩大风险事件造成的损失规模。面对日益复杂的环境，一种新的超强竞争的观念和态势开始形成。超强竞争环境是一种优势迅速崛起并迅速消失的环境，不确定性导致每次企业间的竞争互动都会改变竞争的本质，企业维持其长期的竞争优势日益困难，管理难度不断增大。在如此不确定的环境条件下，企业的任何经济行为都会涉及风险问题，企业可持续发展的愿望面临严峻的考验，因此抵御风险的能力成为动态环境下衡量企业中长期价值的最主要因素。

三 我国企业应对风险的能力较弱

当今环境的不确定性和复杂性对企业的影响主要体现在两个方面。一方面是产业结构的动态变化、技术和产品生命周期的缩短、顾客消费偏好的改变，使得企业生存的商业生态系统更加动荡复杂；另一方面是企业自身竞争战略的调整日益频繁。这些都使得企业在经营过程中面临的风险因素不断增加，风险因素是潜在的危机，一旦条件适合，风险因素便会被触发造成显性的危害。因此，无论是企业战略的制定还是能力的塑造，一旦脱离动态不确定环境的大前提，忽视风险，都会面临巨大挑战。企业都希望能够拥有持续竞争优势，但事实上很少有企业能实现长盛不衰、永续发展的愿望。美国学者柯林斯在《基业长青》一书中所推崇的全球著名的保持长久旺盛生命力的公司，过半数在十年后走向了衰落。那些曾经卓越非凡的企业几乎无一例外地败倒在不确定性和风险的陷阱里。

　　我国大多数企业应对风险的行为还处于一种不自觉的被动状态，面对日益复杂的动态环境，企业抵御风险的能力尤显不足。国资委以在 A 股市场上市的 190 家中央企业为样本，通过企业公开报表收集数据，数据跨度为 2006～2009 年第三季度，2010 年发布的有关金融危机对中央企业的影响的研究报告显示，中央企业利润整体显著地受金融危机影响，有色、化工、建材、钢铁、包装、运输物流、计算机、电子信息、发电、纺织服装 10 个行业中 50% 以上的企业都曾出现过亏损。受危机影响较少的行业也主要是得益于我国居民的高储蓄率导致的市场消费惯性和政府的 4 万亿元财政刺激计划等一系列拉动内需的宏观经济政策的出台。由于抵御风险的能力较弱，有些对外依存度较高的行业，如纺织服装、化工和有色金属行，紧随着世界经济的颓势，企业经营惨淡，有的甚至陷入绝境。深圳证券交易所 2009 年 6 月公布的《金融危机对中小企业板上市公司影响分析》的研究报告显示，我国中小企业抵御风险的能力较低。该研究通过对 273 家中小企业板上市公司调查数据的分析发现，在 2008 年的金融危机中，企业的资产质量、现金流、赢利能力、杠杆比例等各项指标均大幅下滑，其中净利润增速从 2007 年的 38.15% 大幅下滑至 2008 年的 6.36%。中小企业板上市公司是我国中小企业中较优质的企业群体，其抵御风险的能力尚且不足，其他中小企业的情况更不容乐观。据工信部的统计，从金融危机发生至 2008 年底，金融危机导致歇业、停产或者倒闭的中小企业已占 7.5%。南开大学创业管理研究中心基于对 640 个样本企业的调查结果也显示，企业抗击市场风险的能力低已成为中小企业内部管理面临的十大难题之一。

　　特别令人遗憾的是，我国高技术企业在金融危机中并未有良好表现。由于危机的影响，我国高技术企业各项指标全面下滑，以电子信息行业为例，2009 年，绝大多数企业出现了亏损。究其原因，我国高技术产业尚未真正以"高技术""新技术"的知识型产品作为竞争优势的来源。虽然我国高技术产业规模已居世界第二位，但大而不强的局面没有根本改变。加工装配的比重大，生产效率提升缓慢，产业规模的扩大基本依赖于制造和装配环节的增长。很大一部分高技术企业的主要发展动力仍然来源于国家扶持政策，还是依靠利微、量大、模仿的产品赢得市场，对核心技术掌握不足，自主创新能力较差。在多个领域与国外先进水平尚有不小差距，企业面临内外部冲击时抗风险能力严重不足，企业的可持续发展能力弱。对于高技术企业来说，面临更高水平的技术与市场风险，基于知识的技术优势是企业竞争优势的主要来源。当今环境的复杂性加快了企业技术优势的溢出速度，因此企业如何在动态不确定环境下抵御风险、延续竞争优势的问题更加突出。

四　提升抵御风险能力已成为我国未来发展的重要战略

30 多年来，我国经济得到了持续快速的增长。随着国际经济形势日趋复杂，经济发展中面临的不确定因素也不断增多。面对国际金融危机带来的严重影响和国际国内环境的深刻变化，中国共产党在深入分析了今后一个时期我国经济社会发展的国内外环境的基础上，强调我国的经济在处于"可以大有作为"的重要战略机遇期的同时，也面对诸多可以预见和难以预见的风险挑战。综合考虑未来发展趋势和条件，中共第十七届中央委员会第五次全体会议公报中明确提出了今后五年经济社会发展的主要目标："使我国转变经济发展方式取得实质性进展，综合国力、国际竞争力、抵御风险能力显著提高，人民物质文化生活明显改善，全面建成小康社会的基础更加牢固。"① 国家层面的抵御风险能力离不开企业在微观层面的支撑，企业的抗风险能力是国家抵御风险能力的主要来源和重要组成，企业抗风险能力的提升对国家抗风险能力的提升具有重要的战略意义。因此，提升企业的抗风险能力，不仅关系到企业的赢利能力和可持续成长潜力，而且更关系到国家未来的发展能力。

第二节　研究问题的提出

为了给企业在面临不确定性时维持竞争优势提供理论上的指导，国内外学者相继提出了风险预警、危机管理、超竞争、动态能力、知识管理、变革管理、权变理论、战略柔性等有关增强企业应对风险能力的管理理论。然而当今复杂多变的社会中很多重大风险事件频繁发生，其影响已超越了时空界限。如近十多年来，以巴林银行和安然公司为代表的一系列巨型公司破产案，以及美国 9·11 事件、SARS 病毒和禽流感的传播、2008 年美国金融危机引发的世界性经济危机、日本 3·11 地震引发的海啸和核泄漏等事件，严重破坏了全球经济和社会发展的正常秩序，使人类遭遇了前所未遇的损失和危害，也残酷地考验了企业的风险承受能力。

人类自古就有抵御风险的实践，风险管理早在 20 世纪 60 年代就已成为许多国际性大企业管理活动的重点。但随着环境的不断变化，风险及风险管理的内涵和外延都有了很大扩展，相关管理活动也愈加复杂。自 20 世纪 90 年代以来，知识所发挥的全新

---

① 《中共第十七届中央委员会第五次全体会议公报》，新华网，http://news. xinhuanet. com/politics/2010 - 10/18/c_ 12673082_ 3. htm，2010 年 10 月 18 日。

作用不仅改变着企业的经营环境，也重新界定了企业的内涵。企业是具有异质性的知识体，知识是企业所有资源中最重要的战略性资源，是企业获取持续竞争优势的源泉。企业能力本质上是知识的整合，知识为企业提供了决策能力，而且新的知识为企业提供了创新能力。在以知识为基础、以创新为特征的知识经济社会中，企业的竞争从根本上说就是知识的竞争。知识及其积累作为企业生存和发展的关键因素，正逐渐成为管理领域研究的重要课题，知识的获取和开发会显著地导致风险的减少（Cooper，2003）。但现有关于企业抗风险能力的研究也多是直接将企业的抗风险能力作为一个前设的既成概念使用，偏重于从财务指标角度判断企业的抗风险能力，缺乏与知识视角的融合。在整个研究过程中，为尽可能全面地掌握相关领域的最新进展，笔者对国内外众多学术论文数据库进行了持续跟踪检索，对 CNKI、维普期刊网、万方数字化期刊、《人大复印报刊资料》，以及 ProQuest、EBSCO、Elsevier 等数据库的检索结果发现相关研究文献很少（文献研究评述详见第二章）。正如 Maytorena 等（2007）的发现，在有关风险管理和知识管理的文献中很少分析到知识和风险管理的重要关系，因而本书选择从知识的角度来研究抗风险能力是一个崭新而且有意义的视角。

企业如何在复杂动荡的环境中获得持久的竞争优势，一直是战略管理研究关注的重点之一。面对不断增加的环境不确定性因素，企业和外部环境的关系以及自身的发展演化规律都出现了新的特征，企业要想在长期的竞争中保持可持续发展，规避和抵御风险是十分重要的手段。在高度不确定的情境中，抗风险能力是企业新的核心能力，也是企业的持续竞争优势的决定性因素。但是在当前的研究中，如何通过实证揭示有关企业能力对竞争优势的作用关系，仍然是学术研究的难题。

综上所述，结合知识已被普遍视为企业获取和维持竞争优势的关键性资源，知识的积累有利于风险的递减，以及企业能力研究与知识研究日益融合的趋势，本书提出了如下研究问题：从知识的视角看，企业的抗风险能力是如何构成和测度的？基于知识的企业抗风险能力是如何演化的？基于知识的抗风险能力如何作用于企业竞争优势？

高技术企业是高知识和高风险的集合体，其发展不仅影响着地区经济的发展，而且决定着国家未来的竞争力。鉴于高技术企业在当前知识经济时代中的典型作用，本书以高技术企业作为实证和案例研究的对象。围绕上述研究问题，本书试图分析基于知识的高技术企业抗风险能力的内涵、构成要素，并在此基础上设计相应的测度量表；分析企业抗风险能力的演化过程，并且通过实证研究揭示基于知识的抗风险能力与高技术企业竞争优势的影响关系和作用路径，从而构建基于知识的高技术企业抗风险能力的理论研究框架。

第三节　研究内容与方法

动态竞争环境中，企业面临着更为紧迫的生存和发展危机，迫切需要培育和提升自身的抗风险能力，以适应环境变化，并在竞争中保持优势地位。

一　研究的主要内容

基于本章第一节对研究背景的说明，本研究的主要内容如下。

（1）界定和分析企业抗风险能力的基本内涵

对企业抗风险能力的研究有许多视角，基础理论也还未形成统一的观点。理论概念是管理研究的基本要素，是对所观测事物本质的抽象表达。关于企业抗风险能力的研究进展比较缓慢，究其原因，笔者发现对有关企业抗风险能力的内涵、构成维度、表现形式等内容的理解，尚存在很多差异。一些研究中企业抗风险能力直接被作为一个前设的概念使用，缺少明确的内涵界定。在此情况下，明晰概念和界定内涵是后续研究的基础。因此本书首先通过文献梳理，指出现有企业抗风险能力的研究进展和存在的问题，明确企业抗风险能力的内涵，并对其与企业其他能力之间的关系进行了辨析。

（2）从知识的视角分析高技术企业抗风险能力构成的关键维度，并设计相应的测度量表

结合知识观理论和对高技术企业的相关研究，本书认为高技术企业抗风险能力的本质是知识。从知识的视角对企业抗风险能力的关键维度进行划分，并进一步确定了各维度下的测量题项。采用管理学研究中规范的量表构建方法，开发基于知识的高技术企业抗风险能力的测度量表。该测度量表的开发不仅为企业抗风险能力内涵的理解提供了重要参考，而且也是后续与企业竞争优势关系研究的重要前提和基础。本书通过对高技术企业的问卷调查，对该量表进行了实证检验，证明其具有有效性与可靠性。

（3）研究基于知识的高技术企业抗风险能力的动态演化过程

静态和低层次的抗风险能力并不能为企业带来竞争优势。作为企业与动态环境变化相适应所表现出的一种能力，抗风险能力具有演化特征。抗风险能力的形成和演化是一个复杂的过程，受到企业内部和外部因素的影响，因此，有必要对抗风险能力的演化过程进行深入的研究。不同产业、不同企业的抗风险能力存在差异，究其原因在于知识的差异，企业抗风险能力的演化本质上就是知识的演化过程。本书结合高技术企业的特征，探究了基于知识的高技术企业抗风险能力的演化过程，并对演化过程的主要推动因素进行了分析。

（4）进行典型案例研究

采用深入调研和访谈，对云南省的一家知名高技术企业——昆明船舶设备集团有限公司进行案例分析。力图通过实践检验基于知识的高技术企业抗风险能力演化过程的理论观点，并探寻基于知识的高技术企业抗风险能力与竞争优势的关系。

（5）构建基于知识的高技术企业抗风险能力与竞争优势的关系模型，探究基于知识的高技术企业抗风险能力对竞争优势的作用路径

Teece（1997）认为对企业能力的研究都应关注到其与企业竞争优势的作用关系，因此，本研究构建了基于知识的高技术企业抗风险能力与竞争优势的关系模型。该部分通过理论研究和经验分析，初步提出基于知识的高技术企业抗风险能力的各构成要素与竞争优势关系的假设，构建了抗风险能力对企业竞争优势作用关系的概念模型，然后进行了问卷调查。样本选取云南省内主营业务属于高技术产业的 194 家企业，通过因子分析和结构方程建模等定量化实证方法对模型和假设进行检验，揭示基于知识的抗风险能力的各构成要素与高技术企业竞争优势之间的路径关系，进而探寻了基于知识的高技术企业抗风险能力与竞争优势的作用关系。

二 研究方法

研究目的和内容决定了应该以哪些理论作为研究的理论基础，研究内容和理论基础共同决定了应该采用何种研究方法。而管理活动的复杂性决定了管理研究必然会用到多学科的理论知识和分析方法。本研究借鉴战略管理、知识管理和风险管理等相关理论和方法，针对研究目标和内容，坚持理论与实践相结合的基本原则，综合运用文献研究法、访谈和问卷调查、案例研究法、

统计分析和结构方程建模等方法，对基于知识的高技术企业抗风险能力进行研究，所涉及的研究方法包括如下几方面。

（1）文献研究法。文献研究是对前人研究成果的总结，也是研究问题的定位和相关理论推导的基础。在本书的研究和撰写过程中，借助学术期刊、图书资料、网络数据库等资源，广泛收集有关高技术企业风险、知识管理、动态能力、企业竞争优势等相关主题的中外文献和资料，通过阅读文献了解国内外研究的现状，以此为依据提炼研究论点和初步构思。

（2）访谈和问卷调查。对有关专家、学者、企业人士进行访谈，了解他们对研究问题的评述。访谈研究的目的主要是对构思进行初步验证以及为下一步的构思调整和问卷设计提供依据。本研究还将采取管理学研究中规范的量表构建方法，设计开发相关调查研究问卷。问卷调查法是通过书面形式，以严格设计的问题项，收集研究资料和数据的一种方法。通过问卷调查收集有关基于知识的高技术企业抗风险能力、企业竞争优势方面的实证数据。

（3）案例研究法。案例研究的目的是描述、检验或者产生新的理论。本书将在对相关理论进行逻辑推演的基础上，以个案解析来佐证理论分析的可信性。案例研究法也是管理学家彼得·德鲁克提倡的研究方法。案例研究一般包含了数据收集方法，例如档案资料、访谈、问卷、观察等。本研究拟重点选择昆明船舶设备集团有限公司作为有代表性的高技术企业进行典型案例研究，通过实践检验相关理论观点。

（4）统计分析和结构方程建模。通过探索性因子分析和验证性因子分析等定量化统计方法对量表的可靠性和有效性进行检验。通过因子分析和结构方程建模等定量化方法，对实证资料进行处理，对基于知识的高技术企业抗风险能力和竞争优势关系的概念模型和假设进行检验。拟采用的统计分析工具主要为 SPSS 17.0 和 AMOS 17.0 软件。

三 技术路线

本研究的技术路线如图 1-1 所示。

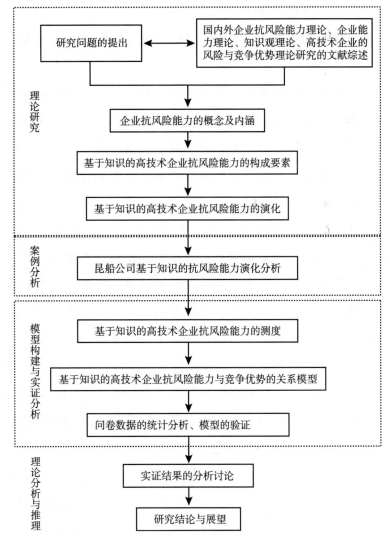

图 1-1 本研究的技术路线

第四节　研究意义和主要创新点

一　研究意义

本研究主要包括基于知识的高技术企业抗风险能力的理论研究和基于知识的高技术企业抗风险能力与竞争优势关系的实证研究两个层次。

从理论研究层面来看，环境不确定性已成为引发和衍生企业风险的重要因素，而不确定性环境下企业获取和保持竞争优势的问题逐渐成为管理领域理论研究的热点。为了抵御风险和获取竞争优势，企业必须具备一定的抗风险能力。在企业能力的构建过程中，知识的相互转化具有重要的作用。风险来源于不确定性，而知识和经验的积累有利于减少不确定性，提升抵御风险的能力。然而，现有基于知识观点的研究中，却没有在知识与能力之间成功地建立起联系，相关研究文献较少见。另外，虽然有关竞争优势的研究由来已久，特别是国外关于企业竞争优势研究的理论体系正在逐步形成。但是如何从实证的角度研究企业能力与竞争优势的关系，探索不确定环境下企业能力对竞争优势的形成或作用机理，仍然是战略管理研究领域面临的难题之一。抵御风险的能力可以说是当今企业在不确定环境下获取和维持竞争优势过程中不可或缺的能力。本研究将企业抵御风险的能力与知识管理的相关理论结合起来，聚焦于知识经济背景下企业抗风险能力的知识属性，分析基于知识的企业抗风险能力的构成及演化，结合高技术企业的发展特点构建基于知识的抗风险能力与高技术企业持续的竞争优势关系的分析框架。这不仅有助于能力研究与知识的融合，推进企业抗风险能力概念的具体化，推进以能力的提升来带动竞争优势的构建和持续的相关企业战略管理理论的深层次研究，而且有助于深化和扩展不确定性环境下企业知识管理和风险管理的理论研究问题，因而具有重要的理论意义。

从实践层面来看，作为知识经济社会主要标志的高技术产业已成为推动其他各产业发展的先导和核心，是一个国家取得长期竞争优势的决定性因素。作为产业个体的高技术企业与传统企业的最大区别，在于它是建立在知识的基础上，高技术企业的主要获利能力和持续竞争优势取决于该企业对于知识等无形资产的获得与利用能力。同时高技术企业以科学技术创新成就为基础，其投资水平远远高于传统行业，并且需要不断进行高水平的技术创新，创新本身就存在不确定性，因此，高技术企业具有高知识、高投入、高风险的特征，环境中诸多不确定性因素引发的风险甚至会对企业的生存与成长造成致命的威胁。从知识的视角研究高技术企业抗风险能力的构成契合了抗风险能力的知识本质，研究基于知识的抗风险能力与高技术企业竞争优势的关系，一方面有利于提高企业管理者对知识重要性的认识，促进高技术企业健康持续发展，另一方面有助于各级政府制定出支持高技术企业发展的有效政策措施，为高技术企业保持和延续竞争优势提供具体的实践指导，对地区经济的健康持续发展具有重要的现实意义。

本书选取云南的高技术企业作为具体实证研究样本。云南地处于我国的西南边陲，是"生态潜在退化，经济欠发达"的地区，以产业结构调整和经济重塑为目标的工作迫在眉睫。根据国家"十二五"发展规划，提出"把科技进步和创新作为加快转变经济发展方式的重要支撑"，近年来，云南省持续加大对培育、发展高技术产业的工作力度，逐步建立了依托本省资源、技术和人才的云南省优势特色高技术产业。截至 2011 年底，云南省已认定的高新技术企业总数达 440 家，全省高新技术企业拥有总资产 3270 亿元，年总销售收入 1648 亿元，其中高新技术产品销售收入达 1467 亿元①。高技术企业正日渐成为云南地方经济发展中不可忽视的重要力量。《云南省"十二五"科学和技术发展规划》提出，"十二五"期间，全省高新技术企业力争达 600 家。然而，目前云南省高新技术产业化水平仅为 14.9%，列全国第 23 位，科技促进经济社会发展指数为 48.14%，列全国 27 位②。与发达国家和发达地区相比，云南省高技术企业不仅总量较少，而且总体实力偏弱，抵御风险能力不强，因此本研究结果对提升云南省高技术企业抵御风险的能力、促进其可持续发展具有一定的现实意义。

二 主要创新点

本书将关于企业抵御风险、适应环境变化的能力的研究置于当前不确定性的知识经济大环境之下，从知识的视角进行深入探讨，构建了基于知识的高技术企业抗风险能力的理论研究体系。本书的研究可能在以下方面具有一定的创新性。

1. 基于知识的研究视角

由于可以从多种视角研究企业所面临的风险问题，所以对企业抗风险能力研究视角呈现多元化。本研究通过梳理企业在动态环境下抵御风险、应对环境变化的能力的相关研究，寻找到了基

---

① 云南省科技厅：《云南省高新技术企业队伍日益发展成形》，2012 年 1 月 20 日，http：//www.most.gov.cn/dfkj/yn/zxdt/201201/t20120120_ 92089. html。

② 云南省统计局：《2010 年云南国民经济发展报告》，2011 年 5 月。

于知识的切入点。知识的获取和开发会显著地导致风险的减少，但在有关风险和知识的研究文献中很少关注它们之间的重要关系，因而从知识的角度来研究抗风险能力应该是一个崭新而且有意义的视角，有助于充分探寻企业能力背后的知识本质。而且从知识的角度来研究抗风险能力如何影响企业竞争优势也是一个新的视角，为企业竞争优势理论的研究提供了新思路。

2. 对基于知识的高技术企业抗风险能力构成要素的划分

引入知识观的理论研究视角，结合高技术企业风险的特征，从知识的视角将高技术企业抗风险能力的构成要素划分为知识吸收能力、知识创造能力、知识整合能力和组织知识四个方面。对企业抗风险能力构成要素的划分挖掘了抗风险能力背后隐含的更为具体的能力。知识吸收能力、知识创造能力、知识整合能力是基于知识的企业抗风险能力的动态构成，它们形成了企业适应环境变化所需的柔性；组织知识是企业抗风险能力的静态构成，它提供了企业耐受环境变化所需的刚性。该划分体现了基于知识的高技术企业抗风险能力所应具有的静态和动态双重特征，克服了以往企业能力研究中动态研究与静态研究相互脱节的问题。从知识视角对企业抗风险能力构成要素的识别使得研究视角更为聚焦，边界更为清晰，有助于克服企业抗风险能力研究中概念宽泛、视角分散等问题，提升了研究的严谨性和系统性。而且该划分方法整合了企业在不确定环境中抵御风险必须具备的柔性和刚性，弥补了以往研究中只关注企业在动态环境中的柔性特征而忽视适当的刚性对企业应对变化的重要作用的研究不足。

3. 对基于知识的高技术企业抗风险能力的测度

本研究通过开发基于知识的高技术企业抗风险能力的测度量表，从知识吸收能力、知识创造能力、知识整合能力和组织知识四个维度，将由各种难以捉摸的资源、能力、过程或惯例构成的企业抗风险能力这个抽象模糊的概念转变为组织知识以及对知识的吸收、创造和整合的具体活动，不仅兼顾了企业在动态环境中抵御风险必须具备的柔性和刚性，而且显著地提高了研究测度的可观测性和可操作性。通过对高技术企业样本的实证检验，该测度量表具有良好的信度与效度。基于知识的高技术企业抗风险能力的测度量表的构建为尚处于起步阶段的企业抗风险能力评价及其与其他管理变量之间关系的定量化实证研究提供了具有可操作性的研究工具。

4. 对高技术企业抗风险能力的知识本质及其演化过程的揭示

随着知识经济的到来，知识在企业抵御风险方面将扮演更加重要的角色。本研究通过分析知识积累与风险递减的关系，揭示了高技术企业抗风险能力的知识本质。通过对企业抗风险能力的知识特性的分析，本书认为企业抗风险能力的演化本质上就是知识的演化过程。结合企业抵御风险的实践需要，借鉴传统的演化理论研究观点，本书创新性地加入了感知阶段，从感知、变异、选择、复制和保持五个阶段对高技术企业抗风险能力的演化过程及演化的推动因素进行了分析。对企业抗风险能力的知识本质和演化过程的认识不仅有利于推动知识观与企业能力研究的进一步融合，而且对知识经济时代下企业的竞争和发展也具有较强的现实指导意义。

5. 分析了基于知识的高技术企业抗风险能力与企业竞争优势之间的作用关系

本研究构建了基于知识的高技术企业抗风险能力与竞争优势关系的概念模型，通过对高技术企业的问卷调查、统计分析和结构方程模型等方法，揭示了知识吸收能力、知识创造能力、知识整合能力和组织知识对高技术企业竞争优势的影响关系，以及各关键维度之间的作用路径。现有文献中虽有讨论知识吸收能力、知识创造能力和知识整合能力其中两者或三者之间的关系模型，但更多关注的是知识的动态活动。而本研究整合知识的动态和静态维度，发现了动态的知识流量和静态的知识存量对企业抵御风险和获取竞争优势的共同作用，为研究知识经济时代高技术企业竞争优势形成的内在机理提供了新的视角。根据 Chen 等（2009）的观点，进一步探索和扩展动态的企业能力与静态的企业资源对企业竞争优势的贡献是未来有关企业竞争优势理论研究的发展方向，因此本书关于企业中动态的知识能力和静态的知识资源对企业竞争优势作用关系的探索和揭示凸显了理论上的创新性。

第五节　全书结构安排

本书共有七章，各章节内容结构安排如图 1 - 2 所示。

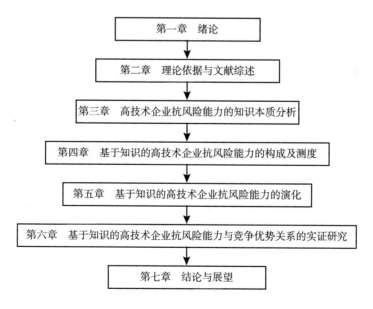

图 1 - 2　全书结构安排

第一章，绪论作为开篇，提出研究背景，阐明研究内容和研究意义，介绍研究方法及本书的主要创新。

第二章，理论依据与文献综述。主要对与本研究密切相关的理论基础和研究文献进行了梳理与综述。内容包括关于企业抗风险能力的国内外研究、企业能力理论、知识观理论、高技术企业风险与竞争优势的相关研究的梳理，并分别对每个部分进行了研究评述。

第三章，高技术企业抗风险能力的知识本质分析。本章首先对企业抗风险能力的内涵和特征进行了辨析，并分析了抗风险能力与其他企业能力之间的关系。然后结合对高技术企业风险以及高技术企业风险管理活动与知识的关系的分析，认为高技术企业抗风险能力的本质是知识，并提出了基于知识的高技术企业抗风险能力的视角。

第四章，基于知识的高技术企业抗风险能力的构成及测度。本章对基于知识的高技术企业抗风险能力的构成要素进行了划分，并在此基础上开发设计了基于知识的高技术企业抗风险能力的测度量表。为了检验测度量表的有效性，开展了相关的实证研究。

第五章，基于知识的高技术企业抗风险能力的演化。结合高技术企业的主要知识形式，探究了基于知识的高技术企业抗风险能力演化的一般过程，并对演化过程的主要推动因素进行了分析。为了验证基于知识的高技术企业抗风险能力演化过程的理论观点，这部分选择了云南省的一家知名高技术企业——昆明船舶设备集团有限公司进行典型案例分析。

第六章，基于知识的高技术企业抗风险能力与竞争优势关系的实证研究。基于文献梳理和理论分析，提出基于知识的高技术企业抗风险能力与竞争优势关系的概念模型，并开展了针对高技术企业的大规模问卷调查来获取数据。在对样本数据进行探索性因子分析和验证性因子分析，确定基于知识的企业抗风险能力和企业竞争优势的测量模型的基础上，通过结构方程模型对基于知识的高技术企业抗风险能力与竞争优势关系的概念模型中的各项假设进行实证检验，并对验证结果进行了分析和探讨。

第七章，结论与展望。对本研究获得的主要结论进行总结，并在分析研究局限的基础上，提出有待今后进一步深入研究的方向。

第二章　理论依据与文献综述

　　为了探寻企业在不确定环境中抵御风险和维持竞争优势的途径，国内外学者从不同角度提出了许多具有很强借鉴作用的理论。考虑到研究内容的相关性和全书篇幅的限制，本章主要对企业抗风险能力的国内外研究、企业能力理论、企业知识基础理论、高技术企业风险与竞争优势的相关研究进行梳理和综述。

第一节　企业抗风险能力的研究综述

一　风险的内涵及类型

　　对风险的正确认识是研究企业抗风险能力的重要基础。自美国学者 Knight 于 1921 年出版《风险、不确定性与利润》以来，国内外学者对风险的类别、来源、特征，以及风险的管理等问题进行了广泛研究。特别是 20 世纪 80 年代以来，随着环境的动态性和复杂性剧增，控制企业环境中的不确定性和风险已经成为管理的核心问题。

　　虽然目前风险已经成为金融、保险和管理理论等各社会科学领域的重要研究对象之一，但风险至今无统一的定义，不同领域的研究者分别从各自的研究视角对风险进行了界定。在经济学领域，风险被认为是经营活动的副产品，经营者的收入是其为经营活动承担风险的报酬。1901 年，美国学者 Willet 在其博士论文《保险及保险经济理论》中首次提出风险的概念，他认为风险是关于不愿发生的事件发生的不确定性的客观体现。该定义包含了风险是客观存在的现象，以及风险的本质具有不确定性两层意思。Knight 在 1921 年出版的《风险、不确定性与利润》一书中把风险与不确定性作了区分，并将风险定义为"可测定的不确定性"。Knight 认为不论是当前的风险还是未来的风险，都存在着一定的统计规律。该观点奠定了现代保险学的理论基础。Yates 和 Stone（1992）提出了潜在损失、损失的大小及损失的不确定性三个因素构成的风险结构模型，该模型从本质上反映了风险的基本内涵，并成为现代风险理论发展的重要基础。Wilson 等（1987）将风险理解为危险发生的可能性或不确定性。Williams（1988）认为风险的概念包括不愉快事件发生的可能性和它发生时所产生的影响。Gerhard Schroeck（2006）认为风险就是一种偏离未来预期结果的不确定性。这种不确定性可细分为一般不确定性和特殊不确定性，一般不确定性是完全无法预期结果的风险，无法进行任何量化分析；特殊不确定性是可以客观分析的风险，或是至少能基于主观分析而对预期结果进行概率测算的风险。风险的概念内涵经过了不断的发展变化，目前，在企业管理领域，国外具有影响力的风险管理标准和框架对风险的定义基本上有了共识，即风险是不确定性对目标的影响。2004 年美国 COSO 颁布的《风险管理——整合框架》中，将不确定性对目标的影响分为正面和负面两种，正面的影响称为机会，负面的影响称为风险，机会和风险可能并存；2009 年国际标准委员会颁布的《ISO/FDIS31000 风险管理——原则和指引》中就将风险定义为"不确定性对目标的影响"。

国内学者谢科范（2004）认为企业风险是指企业外部环境的不确定性、企业所从事业务活动的复杂性以及企业实力与能力的有限性而导致企业生产经营失败的可能性。宋明哲（2003）认为风险定义可分为"主观说"和"客观说"两大类。主观说强调损失和不确定性，而客观说则是以风险客观存在为前提。

从上述分析可知，基本上每一种风险定义都包含了不确定性，但是不同的风险定义在看待不确定性如何导致风险的发生方面存在差异，归纳起来有四种观点：①风险就是不确定性。②风险是损失种类的不确定性。③风险是某种损失可能发生的不确定性。④风险是不确定性水平。

根据研究目标的不同，学者们对风险进行了多种分类。

按风险所导致的后果可将风险分为纯粹风险和投机风险。纯粹风险是指只有损失机会而无获利可能的不确定性状态，即纯粹风险无获利的可能性。投机风险是指那些既存在损失可能性，也存在获利可能性的不确定性状态。按风险的起源与影响可将风险分为基本风险和特定风险。基本风险是指由非个人或至少是个人往往不能阻止的因素引起的损失，通常涉及很大范围的不确定性状态。特定风险是指由特定的因素所引起的，通常是由某些个人来承担损失的不确定性状态。按风险的可控程度可将风险分为可控风险和不可控风险。可控风险多是人为因素造成的，在一定程度上可以控制或部分控制的风险。不可控风险是指决策者自身无法左右和控制的风险。刘新立（2006）将企业风险分为危害性风险和金融性风险，前者主要指财产损毁、法律责任、员工伤害和雇员福利，后者主要指价格风险、信用风险、汇率利率风险、经营风险和流动性风险等。国务院国资委的《中央企业全面风险管理指引》中认为企业风险是未来的不确定性对企业实现其经营目标的影响，可分为战略风险、财务风险、市场风险、运营风险和法律风险。加拿大皇家银行根据自身实际将银行的风险划分为系统风险、环境风险和可控制的风险三类。系统风险是指企业自身无法控制的风险，如亚洲金融危机；环境风险是指企业自己不能控制，然而通过施加影响可能使风险改变大小的风险，如市场竞争风险、企业名誉风险及管制风险；可控制的风险是企业在决策及运作过程中产生的风险，它包括创新、信用及人员风险等，属于企业内部可控的风险。

二　国内对企业抗风险能力的研究

为获取国内学者对企业抗风险能力的相关研究，本书首先采用文献计量分析的方法，对我国近年来的相关研究情况进行了系统梳理，以便为后面的研究工作提供理论上的参考。

中文期刊全文数据库（CJFD）是目前世界上最大的连续动态更新的中国期刊全文数据库，收录1994年至今（部分刊物回溯至创刊）国内9100多种重要期刊，数据完整性达到98%，全文文献总量达到3252多万篇。中国博士学位论文数据库和中国优秀硕士学位论文全文数据库是目前国内相关资源最完备、高质量、连续动态更新的中国博士和优秀硕士学位论文全文数据库。由于CJFD在期刊数据源和文献查全率两项指标上均优于其他期刊数据库，以及中国博士学位论文数据库和中国优秀硕士学位论文全文数据库数据的完备性和高质量的学术性，本研究在对国内文献数据收集的过程中，主要从上述三个数据库中收集有关企业抗风险能力方面的中文期刊论文作为分析的依据。

虽然有关企业能力、风险管理的研究已经成为企业管理领域的一个热点，但能检索到的有关企业抗风险能力的研究文献并不多。在 CJFD 中以"企业抗风险能力"作为检索词，查到文章题目中包含"企业抗风险能力"的文献共 29 篇，最早的发表于1995 年。对这些文章进行梳理，发现大部分都是综述式短文，结合单个企业或行业，从政策层面陈述企业抗风险能力的意义和作用，对本研究的参考意义不大。此外，在中国优秀硕士学位论文全文数据库中，仅查到题目中含"企业抗风险能力"一词的硕士学位论文 1 篇，而在中国博士学位论文数据库中未查到题目中含"企业抗风险能力"的博士学位论文。

鉴于一些文献中出现"风险承受能力""抵御风险能力""风险防御能力""风险管理能力""风险控制能力""化解风险能力"等表述，考虑到可能和本研究的"抗风险能力"有相近的意思，因此为广泛收集相关资料，同时考虑到文献相关性选择的要求，文献收集过程中适当扩大了检索范围。以"抗风险能力"作为篇名检索词，在 CJFD 中从 1994 年至今（数据统计时间截至 2011 年底，下同）共有记录 109 条；以"风险能力"作为篇名检索词，共有记录 559 条；以"风险"作为篇名检索词，共有记录 94020 条。在中国优秀硕士学位论文全文数据库中以"抗风险能力"作为题名检索词，从 1999 年至今共有记录 2 条；以"风险能力"作为题名检索词，有记录 29 条；以"风险"作为题名检索词，共有记录 9340 条。在中国博士学位论文全文数据库中，以"抗风险能力""风险能力"作为题名检索词都没有相关检索结果，以"风险"作为题名检索词，从 1999 年至今共有记录 843 条。从上述文献的数量分布来看，以"风险"为题的研究文献逐年增多，尤其是 2008 年金融危机以后，该问题的研究进一步成为热点。

根据对 CJFD 期刊论文和学位论文的检索结果，将检索到的期刊文章和学位论文，在大量阅读的基础上，依据对摘要、关键词以及正文文本的分析将研究内容进行归纳，从而整理出目前国内学术界在企业抗风险领域主要研究的问题和内容。大致可以将研究工作归纳为三大类，即企业抗风险能力的概念研究、企业抗风险能力评价方法和模型研究、企业抗风险能力的实证分析研究。

1. 企业抗风险能力的概念研究

虽然早在 19 世纪西方古典经济学家就把风险看作经营活动的副产品，从 20 世纪二三十年代开始，为了避免事件的不良后果，减少事件造成的各种损失，在发达国家人们就尝试引用管理科学的原理和方法来规避风险，但国内有关企业风险的研究中多数是将企业的抗风险能力作为一个既定的前设性概念，涉及企业抗风险能力概念内涵界定的研究文献较少。

傅毓维等（2004）认为企业的抗风险能力是指在市场环境、宏观经济政策、不可抗力以及产业发展周期等条件恶化情况下维持正常运营，并保持企业长远发展的基本素质。陈中华等（2004）针对商业银行放贷的需求，将企业的风险承受能力理解为还款能力以及弥补可能发生的贷款风险的能力。王娟（2008）将不同网络关系特征下产业集群企业对外部环境变化的适应能力称为产业集群企业抗风险能力，并将产业集群企业抗风险能力分为企业察觉能力和变革能力。利用信息的灵敏度和信息获取能力两项指标测量企业察觉能力。以预测决策和企业创新两个维度的 9 项指标测度企业变革能力。该研究还认为网络关系中知识的流动对提高企业的抗风险能力，尤其是研发创新能力有重要的作用。戴胜利（2008）的研究认为企业营销系统的抗风险能力是指当企业面临危机或威胁时，营销系统调动营销资源应对风险的能力。企业营销系统抗风险能力主要以降低风险的程度、调整成本、调整速度三个维度来衡量。企业营销系统的抗风险能力被表示为系统资源要素、管理能力要素和外部环境变化要素的函数。该研究构建了营销系统抗风险能力的测度指标体系，使用抗风险能力矢量模型测度营销系统的整体抗风险能力。中国房地产测评中心完成的《2008 年中国房地产上市公司测评报告》将企业的抗风险能力定义为在宏观经济政策、市场环境、不可抗力以及产业发展周期等条件恶化情况下维持正常运营，并保持企业长远发展的基本素质。该研究认为房地产上市公司的抗风险能力集中体现在企业维持安全的资本结构以适应各种宏观环境的能力，即资金运作能力强和资产周转快的公司更有利于规避各种市场风险。

2. 企业抗风险能力评价方法和模型研究

傅毓维等（2004）认为高新技术企业的风险蕴涵在企业的资本经营中，通过高新技术企业的资本特征，从创新能力、生产和技术能力、市场开拓能力、管理能力和企业文化五个方面，建立了基于模糊综合评判方法的高新技术企业抗风险能力评价模型。中国房地产测评中心从企业的长期偿债能力、短期偿债能力、现金流状况以及企业营运效率四个方面，选用了资产负债率、流动比率、速动比率、每股现金存量、每股现金流量、总资产周转率、存货周转率共 7 个指标，对我国房地产企业的抗风险能力进行评价。田永强（2005）从企业经营管理能力、还债及担保能力和法人素质三个方面，选用企业近两年商品购销比率、销售利润率、自有资金比率、企业资产负债率、企业到期贷款本息偿还率、企业风险准备金比率、办理资产担保抵押率、借款企业法人代表的信用意识和企业信用等级状况9个二级指标，建立了灰色评判模型，运用多层灰色关联分析与综合评价方法对粮棉企业风险承受能力进行了评价。该方法是一种定性和定量相结合的方法，评价指标样本数据的择取、指标设置以及权重的确定等都具有一定的主观性，在不同前提条件下，评判结果也是不一样的。罗冠吉（2010）选取偿债能力、营运能力、盈利能力和发展能力四方面的13个指标，根据较成熟的财务分析模型以及上海市贷款企业资信评级机构的企业信用等级评定标准，确定了指标体系中各指标的权重，构建线性评价模型对上海金桥出口加工区735家企业的抗风险能力进行了初步的定量测定。在初步测定的基础上，选择了能反映财务管理能力、内部流程管理能力、人力资源管理能力、技术创新能力、市场营销能力、战略发展能力六方面的44项定性指标，通过问卷调查，并将定性指标结果进行量化处理，综合考虑初步测定的得分和定性调查结果得分，最终确定了企业抗风险能力的级别。周晓丹（2011）结合外向型中小企业的特点，采用模糊综合评价法，从外贸能力、技术与生产能力、管理能力与创新能力四个方面建立了企业抗风险能力的评价体系。

　　由于企业的风险承受能力是银行贷款投放的重要依据，因此目前的相关研究大多是借鉴国内外商业银行广泛采用的内部评级方法，以企业的财务指标为主进行评价。虽然有不少学者对此做了研究，但是企业的抗风险能力具有复杂的含义和结构，涉及很多因素，不可能像价格、成本或效率等特征可以用统一明确的指标进行衡量，因此目前有关企业抗风险能力的评价尚未形成公认的、有学术影响力的方法。

3. 企业抗风险能力的实证分析研究

有关企业抗风险能力的实证分析研究文献较少。

王娟（2008）提出了网络关系及其测度变量对产业集群企业抗风险能力的影响假设，建立结构方程模型，并通过对西安装备制造业集群内企业的问卷调查进行实证研究。调查数据分析结果表明正式网络关系对产业集群企业抗风险能力有显著的正向影响。中国房地产测评中心以 2008 年沪深股市的 102 家上市公司和内地在香港上市的 28 家房地产公司为研究对象，对中国房地产上市公司的抗风险能力进行了定量评价，研究结果认为我国上市房企亟须增强抗风险能力。安丰全（2001）在分析石油公司上游领域竞争力影响因素的基础上，提出了抗油价风险能力的定量评价方法。油价波动是石油公司上游的石油勘探开发行业面临的一个重要风险因素。该研究根据企业能够承受的最大亏损额，推测出企业能够承受的最低原油价格和最长承受亏损时间的关系，以企业在亏损状态下对不同油价的承受天数度量企业的抗风险能力。该研究认为企业能够承受的最低油价和最大承受时间集中反映为一个参数——最大许可亏损额 E，其定义为：$E = (P - C) \times O \times T$。式中，C 为原油价格（元/吨），P 为原油完全成本（元/吨），O 为企业日产油量（吨/天），T 为亏损时间（天）。该研究还以中石化集团公司 1998 年的数值进行了实证计算，若最大允许亏损额为企业的净利润，则当企业盈利能力越大、原油成本与原油市场价格差值越小时，企业对原油价格波动的风险承受能力越强。

三　国外对企业抗风险能力的研究

在国外文献中，企业抗风险能力常用 Risk Resistance Capability、

Risk Bearing Capability、Anti-risk Capability、Risk Tolerance 等词来表达。

早在 1952 年，Morris 就对冒险型企业的抗风险能力进行了分析，他认为冒险型企业的抗风险能力除了受到自身资源能力的影响外，还需要相关的法律作支撑。William（1988）详细分析了与投资相关的各类风险因素，并采用量化打分的方法对个人投资者的风险承受能力进行评价和分级。Hai（2005）在其研究中将企业抗风险能力理解为企业应对不确定性环境的承受能力和反应能力，并认为企业对风险的承受能力主要受到企业家个人的风险承受能力的影响。Young（2005）的研究认为一个企业在不确定性环境中对风险的容忍程度就是其抵御风险的能力。在 Girmscheid（2007）的研究中，针对建筑项目风险管理的实际，采用自上而下的方法将企业抗风险能力划分为风险恢复资源、抗风险能力的限度、风险恢复资源的配置状况三个维度，并进一步对这三个维度进行了分级，认为只有企业所承受的风险在企业抗风险能力的作用范围内企业才能正常经营运作。

在文献检索中发现，目前国外对企业抗风险能力的研究主要关注金融风险、项目风险和职能风险三个领域：①金融风险领域：提到企业风险，很多人首先想到的就是金融风险。金融风险涉及银行业风险、保险业风险、证券业风险三个方面。目前对金融风险的研究已经取得了一系列的成果，尤其是产生了一些被广泛关注的有关金融风险分析和应对策略方面的定量分析方法，如 Philippe Jorion（2000）提出的 VaR（Value at Risk）模型是当前学术界公认有效的金融风险测量方法，以及最早由 Markowitz（1952）提出的均值方差模型。而这些风险分析的定量方法也被广泛借鉴和运用于其他行业和领域的风险分析之中。在金融风险研究领域，对投资者抗风险能力的研究也有了一些结构化的方法。②项目风险领域：随着企业项目管理研究的不断完善，企业项目风险管理的研究也不断发展起来。同金融风险一样，项目风险管理已成为企业风险研究中相对比较完善的一个领域，其中的一些研究成果（Chris Chapman，1997；David Baccarini，2001）也被其他领域借鉴。③职能风险领域：对企业职能风险的研究涉及财务风险、战略风险、生产风险、创新风险、营销风险和人力资源风险等多个方面。一些研究（Clemons E. K.，1995；K. Qien，2001；Mark L.，2012）关注企业不同职能领域的抗风险能力。

四 对企业抗风险能力的研究评述

上述研究成果为企业抗风险能力的进一步研究奠定了重要的基础，但是，以往的研究尚存在以下一些不足之处。

（1）有关企业抗风险能力的概念界定尚不够全面。虽然抗风险能力这个术语正在获得越来越多的关注，然而，和其他绝大多数社会科学领域的概念一样，对于抗风险能力内涵的界定，一直处于讨论当中。特别是当这个概念被移植或应用于不同领域时，随着应用范围的变化，其内涵和外延将发生变化。现在有些文献直接将抗风险能力作为一个现成的概念来使用，而没有对这一概念本身的内涵与构成进行全面的阐释。当然，也正因为如此，给企业管理领域研究企业抗风险能力的概念和理论留下了很大的空间。

（2）有些文献在探讨企业的抗风险能力时，仅侧重于企业应对环境变化时所需的灵活性，关注企业的变革、调节和创新能力。毫无疑问，柔性是企业适应环境的基本素质，也是抗风险能力的重要表现，但是，不确定环境的变化是非线性的，有时变化剧烈，有时变化轻微。在相对稳定的环境中，柔性不一定能增强企业的竞争力，相反，维持柔性需要占用一定的资源，会降低企业的效率。适度的刚性有利于企业适应短期内环境中的小幅度变化，减少调节成本，更有利于企业的持续发展。因此，本书认为，只有将企业的刚性和柔性加以整合才能较全面地反映抗风险能力的内涵。

（3）对抗风险能力的构成要素之间的关系缺乏深入探讨。现有文献从不同的研究视角对企业抗风险能力的构成和评价指标进行了探讨，但并未对构成要素及其互动关系进行深入的研究，从而难以对企业培育与提升抗风险能力提供有力的指导。

（4）缺乏基于知识视角的研究。抗风险能力的构成要素可能是企业的资源与能力，也可能是企业对资源和能力进行管理的过程。在当今知识经济时代，知识已成为企业最重要的战略性资源，是企业获取持续竞争优势的源泉。知识的积累有利于风险的递减，企业对知识的获取和运用能力对其增强抗风险能力有十分重要的作用，而现有研究还拘泥于企业资源能力观的视角，对企业长期竞争优势的保持与发展贡献不足。

（5）在抗风险能力的演化过程方面鲜有研究涉及。抗风险能力是企业为与动态环境变化相适应所表现出的一种企业能力，同其他企业能力一样应具有演化特征。但在已有研究中，研究方法主要以静态研究为主，缺乏对抗风险能力演化过程的研究。

（6）企业抵御风险的根本目的是适应环境的变化，从而获取可持续的竞争优势。而现有研究中鲜见有关抗风险能力与竞争优势关系的研究。

第二节　企业能力理论

一　企业能力理论溯源

一般认为企业能力理论的发展直接源于 20 世纪 50 年代 Penrose 和 Selznick 等学者们关于企业竞争优势的研究。Penrose 在其著作《企业成长论》（1959）中以企业内在成长论来分析企业，她认为企业固有的、能够逐渐拓展其生产机会的知识积累倾向特别值得重视。Penrose 认为企业管理就是一个连续产生新的非标准化操作规程和非程序性决策，并不断把它们转化为标准化操作规程和程序性决策的过程，而这一过程的成败依赖于企业内部的能力资源。可以说，Penrose 的研究为后来的企业资源基础论的发展奠定了坚实的基础。能力的概念，最早出现在 Philip Selznick（1957）的研究中，他认为，能够使一个组织比其他组织做得更好的特殊物质就是组织的能力或特殊能力。也有人认为 George Richardson（1972）是第一个提出企业能力概念的经济学家。Richardson 在《产业组织》一书中，使用"能力"的概念来描述企业的知识、经验和技能。他认为，产业的各种活动需要由具备适当能力的组织来开展。

在企业能力研究中，企业资源基础论也称为资源依赖学派。企业资源基础论的基本观点认为企业是各种资源的特殊集合体，每一种资源都可能具有多种不同的用途，企业的竞争优势来源于对稀缺的、有价值资源的拥有。当企业资源具有价值性和稀缺性，且难以模仿和难以替代时，便形成了持续竞争优势，这些竞争优势会由于要素市场不完全和资源有限流动而具有持久性。

Wernerfelt 在《企业资源基础论》（1984）一文中首次应用"资源"的概念来概括个体企业所具有的实力和弱点，该文后来成为企业资源基础理论的经典文献。企业资源基础论从企业资源的角度出发，在一定程度上解释了企业竞争优势的来源。然而，资源基础理论无法回答"企业是由各种不同的资源组成，但如果没有人对各种资源进行有效的组合，静态的资源能单独形成实际的生产力吗？"这一问题。

20世纪80年代后期，部分学者在资源基础理论的基础上，开展了以能力为基础的理论研究，产生了企业能力理论。企业能力理论认为企业在本质上是一个能力体系，主张从企业的能力和资源出发，探寻企业竞争优势的源泉。企业的长期竞争优势被看成是单个企业拥有的能够比竞争者更加卓有成效地从事生产经营活动和解决各种难题的能力。企业成长是和使企业可能拓展生产领域的知识和能力积累密切相关的。相对于企业外部条件，企业的内部能力对于企业占据市场的竞争优势具有决定性作用。企业内部能力的积累、保持和运用是企业获得超额收益和保持长期竞争优势的关键性因素。

由 Prahalad 和 Hamel 提出的企业核心能力以及 Teece、Pisano 和 Shuen 提出的动态能力在企业能力理论的发展中起着主导作用。

二　企业核心能力理论的主要观点

Prahalad 和 Hamel 于1990年在《哈佛商业评论》上发表的《公司的核心能力》一文中，首次提出了核心能力的概念。Prahalad 和 Hamel 认为企业获取和维持竞争优势的基础是企业拥有的核心能力。企业核心能力是一个组织中的积累性学识，特别是关于协调不同的生产技能和有机结合多种技术的学识。核心能力具有三个主要特征：①价值性，核心能力应对客户所长期看重的价值，即客户的核心利益有关键性的贡献；②独特性，指核心能力应有明显的特色，并且难以被竞争对手所模仿、替代；③延展性，核心能力应有延伸到更广泛市场领域的扩展空间。

Prahalad 和 Hamel 的观点激发了众多学者不断丰富和发展核心能力这一重要概念。但也产生了两种截然不同的观点：一种观点认为企业核心能力是企业内部对价值创造贡献最大的关键能力或特殊资源，如 Honda 的发动机设计、Sony 的微型化技术、Philip 的可视媒体技术、Canon 在光学成像和微处理器控制方面的技能等；另一种观点认为核心能力是一种整合能力，是能为企业带来持久竞争优势的能力组合。当然在实际中，多数学者认为后一种观点更接近企业核心能力理论的主旨。Teece、Pisano 和 Shuen 将核心能力定义为提供企业在特定经营中的竞争能力和优势基础的一组相异的技能、互补性资产和规则。Leonard Bartond（1992）认为核心能力是一个系统，是辨识与提供竞争优势的知识集合，其内容蕴藏于员工的知识与技能、技术系统、管理指导系统和价值与规范四个维度之中。Hamel 认为，核心能力是某一组织内部一系列技能和知识的结合，它具有使组织的一项或多项业务达到一流水平的能力。Coombs（1996）等认为核心能力是企业各种能力的组合，Durand 等人（1997）提出核心能力是企业内各种资产与技能的协调配置。核心能力以价值观、能力、知识、制度、专长、诀窍或资源等形式，存在于组织成员、资产、设备、环境等不同的载体之中。卓越的知识、技能及技术系统构成核心能力的本质以及企业获取竞争优势的核心要素。

三　企业动态能力理论的主要观点

20 世纪 90 年代中后期，人们在努力探索和阐释核心能力是企业持续竞争优势之源的研究和实践中发现，即使企业具备了不易被模仿的异质性资源和能力，但由于环境的动态变化，企业的核心能力也不能长期维持，甚至核心能力所体现的"核心刚性"会激化企业与外部环境之间的矛盾，产生负面影响。在技术飞速进步和消费者偏好多变的超竞争环境中，竞争优势的来源正以逐渐加快的速度被创造出来或被侵蚀掉。仅仅满足于单纯依靠已有的竞争优势来源的企业，很快会被更富创新性的竞争对手所取代。因此学者们认为，在超竞争的环境中，用熊彼特的"创造性毁灭"的观点来构建企业竞争战略的思想是颇有益处的。

在此背景下，Teece、Pisano 和 Shuen 等人提出了动态能力理论。动态能力理论一方面秉承了熊彼特的"创造性毁灭"的思想，认为企业只有通过其动态能力的不断创新，才能获得持久的竞争优势；另一方面，也吸收了核心能力理论的许多观点，如企业的动态能力同核心能力一样也具有价值性和独特性。但动态能力从本质上分析，与企业核心能力存在着区别。Teece 等人认为，动态能力是企业整合、建立以及重构企业内外部能力以便适应快速变化的环境的能力，其中，"动态"是指为适应不断变化的市场环境，企业必须不断提高自身能力；"能力"强调的是整合和配置内部和外部资源以使企业适应环境变化需要的能力。Teece 等人在 1997 年提出了著名的动态能力框架。他们认为，企业动态能力理论框架中包含三个关键性要素，即组织和管理流程、企业专属资产地位和发展路径。组织和管理流程在企业运行中具有内外部协调或整合、学习和重构以及转变三方面的作用。

企业的竞争地位不仅取决于组织和管理流程，还取决于其所拥有的"特定"的资源，即企业专属资产地位，如技术资产、财务资产、声誉资产、结构性资产、市场资产等。企业动态能力的发展路径具有路径依赖特征，即企业的出路是其目前位置和将来路径的函数。动态能力理论的基本假设是企业的动态能力能够使其适应环境的变化，从而获得持久的竞争优势。动态能力是企业组织长期形成的学习、适应、变化、变革的能力，包括组织惯例、技能和互补资产。由于其中包含了特定企业的大量隐性知识，所以动态能力是难以被复制和被模仿的。动态能力理论强调，如果企业仅仅具有有限的动态能力，那么不能够培养竞争优势并使竞争优势的来源适应时间的发展。随着时间的推移，这类企业的竞争优势将逐渐消失，最终可能会失去其生存的基础。而具备很强动态能力的企业能使其资源和能力随着时间推移而不断积累和增强，并能够有效捕捉市场上新的机会来创造竞争优势的新源泉。企业动态能力理论不仅对企业竞争优势的根源有了更深层次的认识，而且更加关注企业对不断变化的市场环境的适应性以及能力的自我更新和发展。动态能力理论还强调建立从外部途径吸纳知识的特殊能力。吸收新知识不仅涉及新的资源与能力，也可能涉及新的市场机会，其在企业内部与外部资源和能力之间起到了桥梁作用。相对于强调企业能力内部化积累的标准能力论，动态能力论则强调通过其开放性而获得灵活性，从而降低了能力中的刚性。在高度变化的超竞争环境中，动态能力的本质就是促进企业能力持续地开发、培育、运用、维护和更替，即通过不断的创新而获得一连串短暂的竞争优势，从而在整体上保持企业的持久竞争优势。动态能力对于处在激烈市场竞争中的企业来说是非常必要的。以往研究动态能力的相关文献已经显示了企业可以从动态能力中获益。动态能力的构建要具有适度性,过度的动态会使得企业处于高度不稳定的组织环境中,而导致发展受阻。此外,动态能力的培养和运用都会增加企业的经济负担,因此,从经济成本方面权衡建立动态能力对竞争优势的影响是十分必要的。

四　企业能力理论的研究评述

源于企业战略研究的企业能力理论,将具有相似资源的企业在使用资源的效率方面的差异归因于企业能力的差异。企业能力理论突破了传统研究中只用外部产业环境来探讨企业竞争优势来源以及企业间绩效差异的视角,转而关注企业内生能力。该理论开辟了一个新的研究方向,揭示了产生竞争优势的深层次因素,对企业获得持续竞争优势的本质提供了更好的解释。尽管企业能力理论将关于企业竞争优势根源的研究向前推进了一大步,但其局限性也日益显现。第一,对企业能力的内涵界定难以表述清楚,至今尚无统一的核心能力以及动态能力的概念。例如 Di Stefano 等(2010)的文献计量研究表明,在 40 篇有影响力的关于动态能力的文章中,就有 13 种动态能力的定义,而其中最有影响力的为 Teece 等(1997)、Zollo 和 Winter(2002)及 Eisenhard 和 Martin 等(2000)的三个定义。企业能力理论是建立在能力的概念之上,但在对企业能力进行界定时一直使用模糊的描述方法。学者们从不同研究视角对"核心能力"以及"动态能力"进行表述,形式大不相同,对其概念的内涵和外延的界定也存在着很大的争议。第二,尚未构建完整的理论体系。企业能力作为一个内涵极为丰富的概念,依附于企业组织、技术、知识、文化以及管理等各个层面。然而现在的研究从不同的视角展开,相关的研究也是相互交叉、从不同角度的描述。第三,缺乏可靠的定量化工具进行实证研究。实践是检验理论的唯一标准。对核心能力与动态能力的研究较多关注的是内涵概念、理论基础、结构、维度划分及形成演化等理论性研究。当前关于动态能力识别与测量的研究还是非常之少。如何测量核心能力与动态能力，不同学者采用了各不相同的研究方法与指标，缺乏有效的实证分析加以验证。第四，忽视了对企业能力存在基础、形成机制以及作用路径的分析。这也将是以后学者探讨企业能力理论的焦点问题。

第三节　企业知识基础理论

随着企业资源理论和能力理论研究的深入，人们发现并不是所有的资源都可以成为企业获得竞争优势的源泉。那究竟是什么决定了企业整合与利用资源的能力呢？研究显示，决定企业能力的是企业所拥有的众多资源中的知识，正是知识决定了企业的竞争优势。

一　企业知识基础理论溯源

作为自传统资源观理论衍生而来的一个新兴学派，知识基础理论在近十多年来也取得了快速的发展。企业知识基础理论可以追溯至 Penrose 的企业成长理论、Hayek 的知识论、Simon 的行为论及 Nelson 和 Winter 的企业演化理论。实际上作为资源基础理论的开拓性思想，早在 1959 年，Penrose 就在她的企业成长理论研究中，从企业内生的资源和知识积累的角度来考察企业的竞争优势。她认为，知识的积累是每个企业独一无二的资源，企业在将知识进行内部化和联合的过程中，正规知识被转化为非正式的和非公开的积累性资源，并且这些积累性学识的使用仅仅局限于知识积累所发生的团队，因此，不同企业在发展演化过程中也就形成了各自不同的知识资源，从而使企业产生了不同的竞争能力基础。Penrose 关于企业拥有特有知识的观点被 Nelson 和 Winter 作了进一步发展，他们的理论被称为企业演化理论。当然，最早关注企业能力背后的知识本质的理论可以追溯到亚当·斯密、马歇尔等学者提出的劳动分工可以加快知识积累速度的企业分工理论。劳动分工导致知识分工和知识增长，因为专业化分工使每个人熟悉一种特定的活动，从而导致新知识的产生，并且通过知识的共同应用和协作研究活动，新知识得以发展和创新。随着分工的深化，不仅会带来知识的积累，而且还能促进企业能力的演化。

企业知识基础理论认为，隐藏在能力背后决定企业能力的是企业的知识以及与知识密切相关的认知学习。Grant（1996）认为企业是具有异质性的知识体，知识是能力构建的基础。很多学者的研究都认为企业能力本质上是知识的整合，企业的竞争优势源于对知识的创造、存储及应用，如 Kogut 和 Zander（1992）、Spender 和 Grant（1996）、Conner 和 Prahalad（1996）。知识是最具战略价值的核心资源。知识的获取分为组织内学习和组织间学习。Nonaka 将组织内的知识转化分为社会化、内化、外化和整合化四个互动的阶段。组织间的学习可以通过战略联盟、社会网络、供应链网络等多种途径实现，组织间的学习效率与吸收能力和信任程度密切相关。企业是一个知识的集合体，其知识存量决定了企业配置资源等创新活动的能力，从而最终在企业产出及市场竞争中体现出竞争优势；知识具有难以模仿性，它通过具有路径依赖性的积累过程才能获得和发挥作用，并进一步成为影响未来知识积累的重要因素，从而使得竞争优势得以持续下去。由企业现有知识存量与结构决定的企业认知学习能力是企业开发新的竞争优势的不竭源泉。因此，知识才是企业竞争优势的根源。

基于知识的企业理论认为企业是一个整合其雇员特有知识的机构。该理论从一个全新的视角对企业的存在及其边界，以及企业管理与知识的关系等问题进行了重新解释。

二 知识观下企业的本质和边界

从知识角度看，企业的本质是通过整合知识而创造价值或以更高效率创造价值的机构。基于知识的企业理论认为，知识是企业生产过程最重要的投入。由于产品复杂性的增加，生产所需要的知识也随之不断增多。但知识是由个体掌握的，当单独个体所拥有的知识无法满足生产时，就需要拥有不同类型知识的多个个体的共同协作和努力。然而仅仅依靠市场却无法确保这种协调机制，于是企业作为一种知识一体化的制度便出现了。作为生产产品和服务的机构，企业创造了能使多个个体整合其特有知识的环境和条件。在企业中，拥有不同知识的各类专业人员得以集聚和交流，知识获得转移和共享，特别是使得那些难以流动的隐性知识进入了可转移和可转化的环境之中，具有不稳定性的显性知识被限定在了企业范围内，个体知识整合成了组织知识，从而产生了递增的经济效益。

基于知识的企业理论认为，企业的边界是由知识的利用效率决定的。根据知识利用的相对效率可分析出企业的纵向和横向边界。如果在生产阶段 B 需要使用阶段 A 所利用的知识，则生产阶段 A 和 B 的垂直连接将被整合在同一个企业中。如果阶段 B 能够在不使用阶段 A 知识的情况下对阶段 A 的产出进行处理，那么阶段 A 和 B 能够有效地通过由市场相联系的独立企业来进行，从而形成企业间的纵向边界。企业之间的横向边界出现在产品与知识集的空隙中。知识观理论认为，专业化的分工导致专业化的生产性知识的积聚和创新，使企业形成某一产品的特定知识集。有效的知识利用要求多产品企业中企业的知识领域与其产品领域相一致。然而，完全的一致性是很难实现的，因为企业的知识领域不一定能完全被其提供的产品所利用；反之，产品生产所需要的知识也不可能全部从企业中获得，而且知识的缄默性使其难以通过市场交换获得所有收益。为了有效利用这些知识，企业会通过横向扩张，进行更大规模的生产或进行相关多元化。特定产品所涉及的知识可以用知识集来反映，而知识集决定了企业的水平边界。因此 Demsetz（1988）认为，企业纵向和横向的边界取决于企业为维持自身所需知识而花费的成本。

三　知识观下企业的管理

为了创造价值或以更高的效率创造价值，企业需要对个体知识进行组织协调。基于知识的企业理论强调实现有效的协调是企业管理的一个主要任务。知识在企业成员间的转移是困难的，因为大部分与生产有关的知识是隐含的。管理者需要通过利用必需的专家知识来实现有效的协调。

层级是协调包含多个单元的复杂系统的一种有效机制。如果高层决策依赖于低层不流动的知识，那么层级的存在就会降低高层决策的质量。如果生产决策需要的多种知识存在于许多个人之中，而基于层级的整合机制仅包含了少量的个体，那么，基于团队的组织结构将是对这种缺乏效率的机制的一种改善。

基于知识的企业理论认为管理决策的质量取决于其所依据的相关知识。如果知识可以以低成本转移成集中知识时，那么可以采用集中决策；而如果知识无法集中或集中转移成本过高，则应采用分散决策。

四　知识与企业竞争力

较早关注知识与竞争力之间关系的 Barney（1991）指出，知识（包括技术、信息、知识和组织程序等）是企业维持竞争优势的基础。Zack（1999）认为有效利用知识的能力会给组织带来竞争优势。还有很多学者的研究认为企业所拥有的具有其自身特性的、不易外泄的专有知识是企业难以复制的竞争优势的唯一来源，如 Moody 和 Shanks（1999）、Schultze（1998）等。Holsapple 等（2001）从组织内的知识和组织的核心竞争能力的关系出发构建了一个系统的知识链的概念。知识链通过“知”和“识”的结合，才形成了企业的竞争能力。所谓的“知”是指实体的和存量的知识，所谓的“识”是指知识的动态性、周期性和过程性，它是企业已有的知识结构和认知能力的结合，这种认知能力本质上是一种学习能力。Emin Civi（2000）认为企业管理知识的能力是保持竞争优势的基础，知识管理可以获取竞争力。

五　企业知识基础理论的研究评述

企业知识基础理论对企业为什么拥有核心能力，以及为什么一些获得核心能力的企业反而出现了“核心刚性”，最终丧失了核心能力等问题做出了解释。正是知识所固有的性质导致了企业的“核心刚性”。从更广的意义上看，知识基础理论重新解释了企业的存在、企业的边界、企业中的协调、企业的组织结构及决策权与知识的关系等问题。

知识经济兴起以后，随着知识在获取竞争优势方面作用的日益凸显，国内外学者对知识理论展开了大量的研究。Nonaka（1994）曾指出，在技术日新月异、消费者需求不断变化、市场竞争加剧以及产品和技术生命周期缩短的趋势下，人们唯一可以确定的是未来环境充满了不确定性因素，要掌握竞争优势必须先掌握知识，未来的成功将属于那些能快速吸收新知识、扩散知识和不断创新知识的企业。越来越多的学者认为知识基础理论的解释更接近企业竞争优势的本质，因此目前有关企业能力和竞争优势的研究也越来越多地借鉴知识视角，逐渐将研究的焦点集中于"知识"这一特定的资源。虽然基于知识视角的研究也在经济管理的各领域广泛展开。然而从总体上看，基于知识的企业理论将知识作为一个新的研究视角，涉及的研究范围较为分散，相关研究尚不够深入。尤其是国内的大多数研究只停留在知识管理研究的层次上，未能从知识的角度全面地考察企业能力的作用以及企业价值创造的全过程，因而没有形成比较完善的理论体系。

第四节 高技术企业风险与竞争优势的相关研究

一 高技术企业及其特征分析

由于具有知识性、创新性、高附加值、低污染、产业发展速度快以及对其他产业的渗透能力和推动能力强等优势，20 世纪

80 年代以来，随着知识经济的发展，高技术产业蓬勃发展，对社会经济的发展都产生了巨大影响。

高技术（High Technology，缩语为 High-tech）一词最早源于美国，在 20 世纪 70 年代，"高技术"一词开始被频频使用。1983 年，"高技术"一词被收入《韦氏第三版新国际辞典增补9000 词》，成为一个正式的名词。世界各国通常采用研究与开发强度和劳动力技术素质两项指标判定高技术产业。1994 年经济合作与发展组织（OECD）对其 10 个成员国的 22 个产业部门的研究开发经费占销售额的比例进行了研究，提出凡是研究开发经费占销售额的比例超过 7.1% 的产业称为高技术产业。20世纪 80 年代"高技术"一词被引入我国，在"863 计划"中"高技术"一词首次被正式使用。

高技术产业是一个与特定的经济、科技水平相关联的动态概念。一个国家的发展战略以及其经济和科技的发展水平决定着"高技术"的内涵界定。各国各地区往往会从自身的利益出发，把能够带动当地经济技术发展、有助于增强区域竞争力的高新技术产业群判定为高技术产业。由于高技术产业本身具有相对性和动态性，为了增加高技术产业界定的可操作性，各国以本国或国际标准产业分类为基础划分高技术产业。在我国，高技术产业是指制造业中技术密集度明显高于其他行业的产业。根据 2002 年7 月国家统计局印发的《高技术产业统计分类目录》，我国高技术产业的统计范围包括电子及通信设备制造业、航空航天器制造业、电子计算机及办公设备制造业、医药制造业和医疗设备及仪器仪表制造业共五类行业。该目录参考了 OECD 对高技术产业的界定范围。OECD 认为高技术产业应具备五个特征：①强化研究与实验发展；②对政府具有重要战略意义；③产品与工艺老化快；④资本投入风险大、数额高；⑤研究与实验发展成果的生产及其国际贸易具有高度的国际合作与竞争性。

伴随着高技术产业的发展，高技术企业也成为一种令人瞩目的企业类型。高技术企业是知识密集、技术密集的经济实体，其所拥有的关键技术往往开发难度大，研究与开发在高技术企业的生产或服务中起关键作用。专业技术人员所占的比例高和销售收入中用于研究与开发的投资比例高是多数地区对高技术企业认定的主要依据，这两点共同反映了知识密集的特征。Tallman 等（2004）的研究发现，高技术企业的原始创新活动是一个前沿性技术知识从积累到聚变的过程，即知识积聚的过程，因此知识要素被认为是高技术企业参与竞争的根本要素。高技术企业是建立在高新技术基础上的企业组织形式，比传统企业具有更高的知识输入与技术含量，高知识高技术是其本质特征，在此基础上还派生出高创新、高风险、高成长、短周期的特征。

我国国家科技部于 1991 年 3 月颁布了《国家高新技术产业开发区高新技术企业认定条件和办法》，2000 年 7 月对相关条款又作了修订，给出了高新技术企业的认定条件。2008 年 4 月国家科技部、财政部、国家税务总局又联合颁布了《高新技术企业认定管理办法》（见附录 B），将电子信息技术、生物与新医药技术、航空航天技术、新材料技术、高技术服务业、新能源及节能技术、资源与环境技术以及高新技术改造传统产业 8 项列为国家重点支持的高新技术领域，并明确了我国高新技术企业的认定条件。

在我国，国家科委于 1988 年 7 月开始实施的"火炬计划"中高技术产业被延伸为高新技术产业。在我国所处的特殊发展阶段，有一些技术在我国是首次出现，这些技术对于我国经济的发展具有重要的意义，因而，我国目前把它们和高技术并列，统称为高新技术。自"高新技术"一词在我国诞生后，在很多场合"高技术"和"高新技术"两个词常常被混用，而同样的意思，在国外通常只有一种说法即"High-tech"。基于我国的科技发展现状，高技术既包括当代高技术，也包括一般性新技术。因此，为了便于研究和国际比较，无论是"高技术"还是"高新技术"，除特别说明外，后文研究中统称为"高技术"一词。因为"高"本身是一个相对的概念，"高技术"的内涵界定取决于一个国家或地区的发展战略以及经济和科技的发展水平，是一个随时间和地域而变化的动态概念。按所属的产业是否是高技术产业来认定高技术企业是通常的做法，因此，本研究中的高技术企业是指处于我国高新技术产业领域中的企业。

二 高技术企业风险的相关研究

国内学者谢科范等（2004）认为企业风险是指企业外部环境的不确定性、企业所从事业务活动的复杂性以及企业实力与能力的有限性而导致企业生产经营失败的可能性。高风险被公认为是高技术企业的一个重要特征，因此，学者们也从不同的视角对高技术企业的风险进行了探讨。

Rita 等（2000）认为科技型企业的技术项目风险会随着其所拥有的不同内部资源而有所差异。Bae（2000）分析了硅谷地区科技创业企业面临的 10 个常见风险因素，它们是战略、技术、市场、融资、管理、法律、人力资源、文化、全球化以及通信，该研究还指出基于不同的发展阶段和企业文化，企业面临的风险不同。Gina（2008）的研究认为高技术企业可以通过组织学习，促进知识积累，提高创新的成功率，从而有效管理风险。P. C. Yang（2011）认为创新风险是对创新主体造成利益损失的可能性，高技术企业的创新风险会在企业的多个层面上扩散和演变。

国内学者葛宝山等（1999）最早利用层次分析法对高技术产业的产业化风险进行评价。吕乃基等（2001）认为高技术企业的高风险主要是由其高技术的特征决定的，高技术具有高知识含量、高投入、高附加值、高渗透、高风险、高竞争以及生命周期短等特征。魏云峰（2001）使用常用的绝对方差法表述高新技术企业中经营的风险，$Var（\theta）= \delta^2 = \Sigma P_i（x_i - x）^2$，式中 θ 表示企业的不确定性收益，δ^2 是收益的标准方差，P_i 为各种可能性发生的概率，x_i 为概率为 P_i 时的收益，x 为平均收益。周慧、郑伟均（2004）探讨了高新技术企业生命周期各阶段的风险特征，并提出高新技术企业生命周期不同阶段的差异性资金要求，和与社会投资体系风险偏好特点相匹配的、融资成本最小化的融资方式。张保生（2007）运用系统动力学模型仿真了高新技术企业战略风险管理过程，模拟了高新技术企业战略环境剧烈变动条件下高新技术企业战略风险管理系统相关因素的变动情况。姚正海（2008）认为高技术企业从种子期直至衰退期，始终处于一个不确定的环境中，面临着各种各样的风险，不同的生命周期阶段企业所面临的风险不同，应该针对不同阶段风险的特征进行防范。唐惠英（2008）将自主创新能力引入高新技术企业信用风险评估指标体系中。钱晨阳等（2009）从战略、技术创新、市场、经营管理和财务五个方面分析了高新技术企业的高风险性，提出高新技术企业风险防范策略的关键是加强主体自身的风险管理，依靠政府和社会化解企业风险。张静（2010）认为高技术风险的存在是一个带有全球性、危险性、挑战性和紧迫性的难题，高技术风险主要表现在对自然、社会和人类自身三个方面的影响上。李金生等（2012）认为高技术企业的原始创新是企业自主研究和开发全新技术并实现产业化的过程，是学习知识、积累知识和创造知识的知识积聚行为。高技术企业要注重对技术创新风险中的组织知识管理。

三 高技术企业竞争优势的相关研究

探索企业的竞争优势一直是战略管理研究的重点，竞争优势的来源和本质更是竞争优势研究的核心问题。相关理论研究主要经过了"企业优势外生论"和"企业优势内生论"两个发展阶段。20 世纪 80 年代初，波特把产业组织理论中的 S－C－P（市场结构－行为－绩效）范式引入战略管理领域，建立了企业优势外生论的主要观点。该理论认为决定一个企业盈利能力的首要的、根本的因素是其所在产业的吸引力。产业结构决定了企业获利的可持续性，企业在产业中的竞争地位决定了获利的差别。由于产业结构和竞争地位是存在于企业之外的，所以该理论认为企业的竞争优势是外生的。然而，也有学者的研究表明产业内各企业长期利润的分散程度比产业间企业长期利润的分散程度要大得多。面对同一产业内企业之间的绩效差别很大的事实，学者不得不将研究视角再度对准影响竞争优势的企业内部因素，强调可供企业利用的资源组合，关注企业竞争优势的内部来源，建议把重心放在扩大企业的资产存量和提高能力上，并以此作为持久竞争优势的基础。每个企业都是独特资源与能力的集合体，不同企业不可能拥有完全相同的企业资源与能力，而且企业资源也未必可以自由流动，随着时间的推移，任何企业都可以获得不同资源并发展独特能力。由其他企业不能获得或不易复制的资源构成的资源差异和企业利用资源的独特方式，是比外部环境更重要的因素，是企业竞争优势的基础，是赢利的最终源泉。一些学者对于竞争优势的相关研究已经呈现综合观的倾向，认为企业竞争优势是各种因素相互综合作用的结果，企业内部及外部环境因素均会对企业竞争优势产生影响。

目前理论研究和实践应用中并没有对高技术企业的竞争优势与一般企业的竞争优势进行有效区分，但高技术企业这一特定研究对象既有作为企业的一般性，又具有高知识、高风险等特殊特征。因此，高技术企业的竞争优势属于企业竞争优势的一般范畴，又有区别于一般企业竞争优势的方面。高技术企业一般是智力密集型或知识密集型企业，面对的是快速变化的市场环境，具有技术周期短、竞争强度高的特征。因此，有研究认为，高技术企业任何一种特定的竞争优势都是暂时的竞争优势，必将随着企业外部环境以及内部要素条件的变化而发生变化。

Badaracco（1991）通过对 IBM 和 GM 公司企业战略的案例分析，发现高技术企业知识联盟对高技术企业成长具有极大的促进作用。Eugene 等（2001）的研究发现，组织学习和高技术企业绩效之间存在正相关关系，组织学习是提高高技术企业竞争力的有效途径。Hemmert Martin（2004）分析了国际化与高技术产业绩效之间的关系。Hayton（2005）认为智力资本是高技术企业形成持续竞争优势的关键因素和技术发展及经济增长的源泉。Beck 和 Demirguc（2005）的实证研究结果表明，金融、腐败和法律问题对小型高技术企业的发展有较大的抑制影响。Jansen（2005）的研究认为探索性创新和开发性创新是提高技术型企业绩效和竞争优势的重要途径。Anker（2006）从人力资本的角度分析了高技术产业中吸收能力与创新绩效和竞争优势的关系，认为高技术产业中的知识型员工的吸收能力对企业竞争优势有较显著的影响。

国内较早关注高技术企业的学者王西麟（1995）在其研究中提出技术创新、多样化和规模经济是高技术企业成长的主要方式。张华（2003）的研究认为高技术企业可以通过对创新型人力资本的开发，逐步培育自己的核心能力，促进企业快速、健康地发展，从而获取持续竞争优势。张炜（2005）基于对国内106家中小高技术创业企业的多重案例研究，认为知识资本作为企业最重要的资产是企业获取竞争优势的关键因素。马宏建（2005）通过构建我国高技术企业知识管理活动与企业绩效的关系模型，研究了企业知识管理活动的各构成要素对企业绩效的影响，研究结果显示知识管理能力、知识创新能力、基础设施能力的建设与企业绩效发展有正相关关系，也有利于进一步提升高技术企业的竞争优势。林莉、周鹏飞（2007）认为基于企业间知识共享的知识联盟的成长方式有利于高技术企业应对日益激烈的竞争。金水英等（2008）以2000～2006年在深圳和上海证券交易所交易的111家高技术上市公司为研究对象，构建面板数据模型，研究发现，知识资本对高技术企业的发展能力有积极的贡献。赵忠伟（2010）从竞争优势生成、持续竞争优势阻力以及持续竞争优势再造三个方面对高新技术企业的持续竞争优势进行了研究。该研究指出技术核心能力、人力资本、先发优势与产业环境是高新技术企业竞争优势的主要来源；竞争优势的自发不持续机制和环境的动态复杂性是高新技术企业持续竞争优势的阻力，动态能力、组织学习、企业文化是高新技术企业持续竞争优势再造的根本动力要素。

四　对高技术企业风险与竞争优势的相关研究的评述

高风险是高技术企业的内在特征。针对高技术企业风险的研究，多侧重于投资风险、项目风险和创新风险方面，就风险而论风险，没有综合研究分析高技术企业的关键资源和外在环境特征，没能从源头上思考如何增加企业抵御风险的能力，维持企业竞争优势。在知识经济环境中，高技术企业面临更为激烈的市场竞争，无疑增加了企业获取和维持其竞争优势的难度。在动荡的环境中，高技术企业中某种特定的优势都只会给企业带来暂时的竞争优势，如果不重视抵御风险，企业的竞争优势更加容易丧失。

从高技术企业竞争优势的相关研究中可以发现，由于高技术企业的高知识特征，研究者的关注视角或研究结论都或多或少地和知识或与知识相关的资源及能力有关联。有一些学者的研究结果直接显示智力资本是构建和保持企业竞争优势的关键因素，如赵忠伟（2010）认为只有建立在异质性资源与特异能力的基础上，能够通过对资源与能力的有效融合，克服市场、管理以及技术等方面的风险，企业方能健康持续发展。对高技术企业来说，智力资源、知识产权是其独特的异质性资源，而技术核心能力是其获取竞争优势的关键能力因素。也就是说知识已成为高技术企业竞争优势的重要影响因素，然而现有的研究中却少有理论或文献系统地探索和揭示知识或与知识相关的能力对企业竞争优势的作用关系或作用机理。

第五节　本章小结

本章主要对那些对于本研究问题有较强借鉴作用的相关理论基础和研究文献进行了梳理与综述。内容包括对企业抗风险能力的国内外研究、企业能力理论、知识基础理论、高技术企业风险与竞争优势的相关研究的梳理，并分别对每个部分进行了研究评述。

由于环境动荡性和复杂性的增加，企业抗风险能力正在获得越来越多的关注。然而，现有研究中没有对这一概念本身的内涵与构成要素之间的互动关系进行全面深入的阐释，从而难以对企业抵御风险和获取竞争优势提供有力的指导。也正因为如此，给企业抗风险能力的理论研究留下了很大的空间。

随着高技术的不断涌现和高技术对各国经济的巨大推动，针对高技术企业的研究也日益受到关注。目前国内外对高技术企业的研究主题大多集中在高技术的界定、产业政策、技术创新、创新绩效和成长模式等方面，静态的和定性的分析居多，很少有学者尝试从动态和实证的角度展开研究。由于企业的特殊性质，高风险与高技术企业相伴而生。高技术企业的运营活动是一个具有高度不确定性的知识活动过程，其中的风险与企业内外各方面的知识有关联性影响，同时知识已成为高技术企业最重要的战略性竞争资源，"知识""风险"和"企业竞争优势"之间已存在一定的内在逻辑联系。越来越多的理论开始关注竞争优势、知识和风险这三个概念，但将这三者联系起来进行综合全面分析的理论研究很少。即便在多个数据库中检索，也尚未找到研究主题同时包括"知识""风险"和"企业竞争优势"的文献。随着知识经济的到来，企业的竞争环境将更加复杂多变，知识在风险认知和风险管理方面将扮演更加重要的角色。在新的竞争环境下，高技术企业已成为各类风险的集合体，因此本书从知识的视角来研究企业抵御风险的能力，并探索其与高技术企业竞争优势之间的关系是十分必要和具有重要现实意义的。

第三章　高技术企业抗风险能力的
知识本质分析

抗风险能力体现了动态竞争环境下对企业能力的新要求，是企业战略管理研究的重要内容。本章首先对企业抗风险能力的内涵进行界定，并对抗风险能力与其他企业能力之间的关系进行辨析；然后结合对高技术企业风险的分析，以及知识在企业抵御风险和获取持续竞争优势过程中的重要作用，探讨高技术企业抗风险能力的知识本质。

第一节　企业抗风险能力的概念辨析

目前学术界及实践中对抗风险能力内涵的界定尚未统一，影响了对企业抗风险能力的深入研究与实际应用。针对这一问题，本节界定了抗风险能力的概念，分析了抗风险能力的特征，并对抗风险能力与竞争力、核心能力、创新能力以及动态能力等一些相关概念的区别和联系进行辨析。

一　企业抗风险能力的内涵及特征

（一）企业抗风险能力的概念

抗风险能力已受到各界的关注，但对企业抗风险能力的概念内涵没有形成普遍认同的理论基础是当前相关研究不足的重要根源。

在对企业风险和避免或承担风险的能力的讨论中常常会涉及一些意思接近的词汇，如文献中通常会出现的抗风险能力、风险抵御能力、风险容忍能力、风险承受能力、风险管理能力等。这些词都是由"风险"的概念延伸而来的，所表达的是基本相同的概念，即企业面对风险或不确定性时的防范和抵御能力。为了保持简洁和一致，本书采用"抗风险能力"一词。在第二章第一节对相关文献的梳理中可以发现，在当前国内外的研究中，对企业抗风险能力的以下几点认识已基本没有异议。

（1）抗风险能力是一种企业能力，是企业面对环境变化引发的危机和威胁时，整合内外部资源，应对风险、维持或提升竞争优势的能力。

（2）抗风险能力是多种能力有机组合而成的能力体系，且其大小受内外部诸多因素的影响。

（3）抗风险能力是企业某一时刻（期）所表现出的特征，同绩效、成本或效率等一样，可以用于衡量企业系统的健康程度、运行状况等。

（4）企业抗风险能力的根本目标是保持企业与动态环境相适应，以获取企业的可持续发展。

基于上述认识，结合本研究的内容，本书将企业抗风险能力界定为：抗风险能力是指一个企业在面临环境的不确定性变化时，对其所拥有的内外部资源和能力进行协调、更新，以抵御风险，实现与外界环境协调发展的能力。能力本身是抽象的，企业能力是需要通过相应的行为体现出来的，抗风险能力也不例外，它需要通过企业适应环境变化的行为体现出来。

企业抗风险能力的来源主要有三个方面：第一个是资源方面，主要指企业控制并可调用的内外部的物质资源、知识资源、结构资源、人力资源和关系资源等资源的数量和水平，是支撑企业抗风险能力的基础；第二个是能力方面，主要指企业的主营业务流程及其支撑技术，对于技术型企业更是表现为其优势特色技术的实力与水平，是企业将其资源转化为价值的能力之具体表现；第三个是市场方面，主要指企业产品与市场环境的匹配和适应程度，即市场对企业产品和服务的接受和认可程度，它是企业能力价值实现程度的客观体现。

（二）企业抗风险能力的功能层面

企业抗风险能力需具备对环境变化的耐受功能和随着环境变化的变革功能，即企业抗风险能力应该具有耐受能力和变革能力两个功能层面。耐受能力可以理解为企业在市场环境、宏观政策、产业周期或内部条件变化的情况下维持正常运营和保持稳定的能力。在抗风险能力的耐受范围内，企业不需要对既定战略或结构进行调整，即可以不变的策略应对变化的环境。当风险所致损失的频率和程度较低、风险引发的状态变化是可逆的，或者短期内风险造成的损失是可以预测的，并且即使是发生最大损失也不影响企业的财务稳定时，抗风险能力的耐受功能可以帮助企业通过内部缓冲消化的方式来应对环境变化。耐受功能可以为企业战略的执行提供一个相对稳定的环境。在当今动态多变的环境中，适宜的耐受能力是企业保持稳定的关键，稳定是发展的前提。然而，虽然耐受能力可以以较低的成本应对风险变化，但常常会因为环境变化和风险的损失难以预测而限制其功能的发挥。当企业识别出风险所带来的不利影响可能或已经超过了自身对风险的耐受阈值时，必须采取适当的措施对现有的战略、结构或技术方式作出必要的变革以适应外界变化，此时抗风险能力就应表现为主导企业变革的能力。变革能力是企业改变现状、调节自身以应对环境变化的能力。企业所面临的环境风险是不断发展变化的，变革又有两种情形：一种是企业通过整合重组自身资源以应对环境变化的适应性变革，即企业能以自身积累来弥补可能发生的风险损失。但是有时环境的变化太大，仅仅依靠对原有资源、能力进行调整来被动地适应变化不大可行，或者甚至会得不偿失。另一种是企业通过学习外部知识、开发新资源和新能力以应对甚至引导环境变化的创新性变革。变革是打破原有平衡，创立新秩序的行为。无论是为了谋求发展的创新性变革还是固守阵地的适应性变革，适时的变革都是企业所必需的。企业的变革能力是推动企业不断进步和保持可持续发展的基本素质。

任何企业都存在于特定的环境中，在与外部环境的持续互动过程中，企业不断地学习和积累经验，逐步形成以知识为基础的积累性学识。这种积累性学识构成企业的核心能力，成为企业适应外部环境和获取竞争优势的基础，也是企业稳定性的来源。一般认为，稳定性程度越高，则越能抵消一些外部风险因素的影响，所以许多企业控制外部风险的重要方法就是寻找一些能够增强企业稳定性的策略，如扩大规模、增加库存。核心能力一旦形成并达到较高的水平，往往不容易迅速改变或消失，具有刚性。刚性的产生使企业具有强烈的惯性。但环境是变化的，企业惯性的存在，以及沉没成本效应、替代效应和创新的路径依赖又使得企业难以在竞争环境中作出迅速变革，以保持动态适应。企业要想在动态的竞争环境中生存发展并获取持久的竞争优势，在寻找增强稳定性的策略来控制风险的同时，还需要充分激发企业的柔性，通过调整自身，顺应环境变化，甚至引导市场环境变化。这种动态多变环境下的企业柔性和适应性体现为企业的动态能力。柔性的建立涉及对一些资源和能力的长期投入，如企业可以通过拥有和运用冗余的资源和能力来获取在面对不确定环境时更大的回旋空间。当然这些方式的采用通常也以增大成本、造成浪费为代价。柔性能力如果未被经常运用，也会逐渐衰退。由于有些投资具有不可还原性，建立和维持柔性会产生额外的成本，从而降低企业的效率。柔性的有限性和风险的复杂性使企业不可能也不应该追求无限度的柔性，企业需要依靠其刚性在一定范围内耐受不确定的变化。因此，在充满不确定性的竞争环境中，企业既需要基于刚性的能力，也要培育适应环境变化的柔性能力。刚性与柔性的统一是企业应对风险并获取长期竞争优势不可或缺的条件，也是企业抗风险能力两个功能层面的基础。

刚性和柔性之间有时存在冲突，一般情况下，企业柔性的提升是建立在其刚性损失的基础之上的。当然，刚性和柔性是相对的，如果没有了刚性的存在，柔性也就没有了意义。因此，抗风险能力的两个功能层面将刚性和柔性统一起来，成为企业应对复杂动态环境的关键所在，不仅解决了在不确定环境下企业效率与灵活性的平衡问题，也为解决企业的核心能力和动态能力之间的冲突提供了思路。企业所面临的风险是不断变化的，由于抗风险能力所具有的耐受功能和变革功能，兼顾了企业所需的稳定性和灵活性，才能确保企业在不确定环境中的稳定和发展。

（三）企业抗风险能力的特征

企业抗风险能力的特征主要表现在以下几个方面。

（1）价值性。抗风险能力能为企业带来价值。价值性最直接的表现就是较高的抗风险能力可以降低风险给企业造成的财务损失。由于风险与机遇常常是相伴的，较高的抗风险能力有利于企业在较高的风险水平上维持良性运营状态，不断开拓新的业务领域而创造新价值。另外，高的抗风险能力还有助于提升企业的声誉和品牌价值，使得企业在拓展新业务和降低融资成本方面获益。

（2）知识性。企业在动态环境中保持相对稳定的能力来源于企业的核心能力。核心能力是企业长期培养形成的以知识为基础的积累性学识。而在超竞争环境下，企业创新变革的柔性能力产生于企业所拥有的广泛的知识基础。因此面对不确定环境，无论是企业"以不变应变"，还是"以变应变"，知识都是抗风险能力作用的根本依据。

（3）整合性。抗风险能力是企业在长期的经营实践中不断积累而形成的。它不仅是企业的物质资源、人力资源、组织结构、企业文化等因素的高度融合，更是企业长期经营过程中知识、经验和精神的积累。它是一组整合性的资源和能力，不依赖于某个单独人或物，而是依赖于整个企业。

（4）动态性。企业的经营环境是动态的，风险具有不确定性。当外界环境变化小、较为稳定时，抗风险能力主要表现为对环境变化的耐受能力，即"以不变应万变"；而当外界环境发生较为剧烈变化时，企业通过创新变革，适应新环境。每一次面临风险都是对企业抗风险能力的挑战，而每一次风险的成功化解又增强了企业的抗风险能力。在与环境互动的过程中，每一阶段都蕴涵着抗风险能力结构的调整和优化，促使新的、更高的环境适应力的出现，从而使企业在一个新的层次上获得了可持续发展的能力。

（5）独特性。企业的抗风险能力来源于企业的独特的资源和能力，既包括有形资产，也包括无形资产，同时还融合了企业文化，是企业在某个特定时间（时期）内的能力特性的反映，并且被嵌入组织流程中，难以被竞争对手模仿和复制。

（6）延展性。抗风险能力作为企业的一种基础性能力，其中包括了企业为应对环境而主动改变自己的创新行为。创新是企业发展的不竭动力。抗风险能力强的企业能不断创新，开发衍生出一系列新产品和新服务，获得新发展。

（7）路径依赖性。面临风险决策时，企业以往积累的知识和经验会对其以后的选择产生影响，因而企业应对风险的行为表现为路径依赖的特征。

二 抗风险能力与相关概念的区别与联系

在既有的企业能力理论的研究文献中，竞争力、核心能力、创新能力、动态能力等概念都是与企业获取竞争优势和持续发展密切相关的。这些概念都在一定程度上具有为企业抵御风险的功能，它们与企业抗风险能力既有联系又有区别。

（一）抗风险能力与竞争力

竞争力是指企业在市场竞争中相对于其竞争对手，能建立并不断保持竞争优势的能力。竞争力最直观的表现是一个企业能够比其竞争对手更有效地向顾客提供产品或者服务，并且能够使自身得以不断壮大和可持续发展的能力或者综合素质。竞争力是相对于竞争对手而言的一个相对性概念。从这个意义上讲，抗风险能力并不等同于竞争力，因为任何企业均有一定程度的抗风险能力，但并不一定具有竞争力。抗风险能力是企业竞争力形成的必要条件，而不是充分条件。只有在适当的机制下，企业能比其竞争对手更成功地抵御动态变化的内外部环境风险时，企业的竞争力才能建立。

抗风险能力与竞争力也有相同之处。第一，它们都是综合性的力量，它们的形成都是企业所拥有的多种资源和能力共同作用的结果。竞争力通过优化资源和能力的分布，建立并保持竞争优势；而抗风险能力也是要实现企业资源、能力与环境最佳匹配的目的。第二，它们都具有环境适应性。只有快速适应甚至引导市场变化的企业，才会拥有持续的竞争力；而抗风险能力存在并发生作用的根本目的也是保持企业与动态环境相适应。

（二）抗风险能力与核心能力

企业核心能力至少应具备三个特征：一是核心能力不易被竞争对手复制和完全模仿，也无法完全交易；二是核心能力具有价值的优越性，能使企业在创造价值和降低成本等方面比竞争对手做得更好；三是核心能力是企业在实践中逐渐培育形成的，具有较强的稳定性。Prahalad 和 Hamel 认为核心能力是组织中的积累性学识，特别是关于协调不同的生产技能和有机结合多种技术流派的学识。核心能力不仅包含独特的技术、技巧，还包含观念、机制、管理诀窍、企业文化等，本质上是一组独特性技术和知识的集合体，而某项具体的技术或知识是核心能力的物化表现。企业核心能力是由企业中不同类型、不同层次的能力有机整合而成的合力。如前所述，抗风险能力也是一种由多要素整合的能力。从这一点上看，核心能力与抗风险能力都具有整合性，它们都需要以人为主导，配置、开发、使用和整合资源。当然核心能力和抗风险能力的构成要素也不是一成不变的，它们都具有动态性，需要企业通过自身的不断学习、积累，才能成功地培育和维持。另外核心能力理论的目的之一就是要把传统战略管理一味地应对外部环境变化的被动局面，转为通过构建企业内部核心能力，在一定程度上以不变应对变化的主动性选择。而培育适宜的抗风险能力也是要使企业在不需要采用任何新行动、维持原状态的情况下，就能够耐受环境在一定程度上的变化。因此，从这个意义上理解，核心能力与抗风险能力的目标是一致的。

抗风险能力和核心能力都是企业竞争优势的基础，但二者在程度上往往是有差别的。任何企业，即便是一个刚刚成立的企业，都具有一定程度的抗风险能力，但这种抗风险能力可能并不具有独特性、难以模仿性等特征，因此尚不能成为企业获得竞争优势的直接原因，仅仅可能是企业获得未来竞争优势的基础。只有当抗风险能力不断提升，最终具有独特性、难以模仿性等特征，并能为企业带来持续的价值增值时，这种抗风险能力才接近或成为企业的核心能力。

（三）抗风险能力与创新能力

熊彼特于1912年在《经济发展理论》一书中指出，创新是企业家对生产要素实行的新的组合。对于创新能力，Manu Parashar（2005）认为，它是持续提出能带给企业短期和长期利润的新想法的能力，知识能力、态度能力和创造能力是形成创新能力的支柱。企业的创新能力指企业产生新思想，并将其市场化的能力，由内部资源、管理水平、市场竞争等多方面因素决定，需要较高的组织和协调能力。创新是企业从内部或外部获取市场知识和技术知识，将这些知识整合起来获得新的创意，并将这些创意与相应的资源组合起来，为市场创造出有价值的产品的过程。从上述界定看，创新能力是一种由多要素共同决定的整合能力，知识是企业创新能力的重要影响因素。而研究表明，知识的积累有利于风险容忍力的提升。因此，可以看出创新能力和抗风险能力都是以知识为基础的。

抗风险能力的内涵与外延均要大于创新能力。根据上节分析，变革创新是企业抗风险能力的一个功能层面。当环境发生不可逆的变化或企业自身要求提升时，企业会通过发挥创新能力来改变现状，抵御风险，适应环境变化。

（四）抗风险能力与动态能力

根据 Teece 的观点，动态能力是整合、构建和重置企业内外部能力以适应快速的环境变化的能力。其中，"动态"是指与环境变化保持一致而更新企业的能力，"能力"主要指的是整合与配置内外部有形和无形资源的能力，以此来使企业适应环境变化的需要。动态能力强调企业识别市场机会，合理配置、重构企业的资源和能力，利用机会，提升企业的市场价值。抗风险能力与动态能力均强调能力的动态性，为了保持企业与动态环境相适应，企业必须不断提升自己的能力和开拓性地发展新能力，需要企业自身不断学习。从这个层面上理解，抗风险能力是一种动态能力。

然而，抗风险能力具有路径依赖的特征，经验性学识的积累有利于抗风险能力的增强。动态能力是改变企业能力的能力，动态能力理论强调企业在动荡的环境中要以开拓性动力克服能力中的惯性，开拓性动力通过促进创新和创造新能力为企业持续的竞争优势提供基础。

第二节　高技术企业抵御风险活动与知识的关系

一　高技术企业的风险及其基本特征

随着知识经济的到来和全球化的进一步发展，国家与国家之间的竞争实质已演变为科技和经济实力的竞争。快速变化的竞争格局和日新月异的技术进步使得高技术企业面临的环境动态性和不确定性日益增加。引发高技术企业风险的因素有的来自企业内部，有的来自企业外部，也可能是内外部因素相互作用的结果。对风险因素的识别和分析是企业抵御风险的前提和基础。

（一）高技术企业的风险

高技术企业会面临一般企业可能面临的各类风险，但由于其特殊的产业性质，有些风险对高技术企业的影响尤其显著，本研究中重点分析对高技术企业影响显著的风险因素。

Kan-ichiro Suzuki 等（2002）从技术风险、市场风险、融资风险、全球化风险 4 个方面，对比了日本与美国硅谷地区的高科技创业公司的风险来源，认为日本高技术企业面临的最大风险是技术风险、人力与组织风险、全球化风险；而硅谷地区企业面临的最大风险来源于市场与融资的不确定性。刘国新、王光杰（2004）认为高技术企业的风险主要有技术风险、市场风险、管理风险、财务风险、成长风险和环境风险等。刘旭东（2008）将高技术企业的发展过程分为种子期、创业期、成长期、成熟期 4 个阶段，认为在不同阶段，企业面临的主要风险往往表现为不同类型。赵忠伟（2010）认为高技术企业存在较高的风险，这些风险主要体现在技术、管理以及市场等各个层面。王小勇等（2010）基于对浙江省高技术企业的调研，将高技术企业面临的主要风险因素按照相对重要性的高低进行了排序。考虑到技术创新是高技术企业的主要活动，并结合浙江省高技术企业所处的发展阶段，该研究认为高技术企业面临的最主要风险来自创新资金短缺风险、研发人才流失风险、创新成果市场化风险、政策环境变动风险、知识产权侵权风险。Jap（2001）、许冠南（2008）等学者的研究都认为技术环境动态性和市场环境动态性是当今环境动态性的最主要特征。技术环境动态性主要指技术变革的速度，市场环境动态性主要指消费者构成和消费者偏好的变化速度。引起技术环境动态性的因素主要包括主流技术发展趋势难以预测、新技术的开发周期无法确定、新技术的效果不可预料、新技术的存在时间无法确定等；而造成市场环境动态性的因素有客户对高技术的需求不可预料、创新扩散导致的市场规模难以预测、客户对新技术产品存在顾虑，以及高技术环境下模仿品和替代品快速出现等。

　　风险源于不确定性，根据国内外学者对环境不确定性来源的分析，结合有关高技术企业风险的研究，本书将高技术企业面临的主要风险分为技术风险、人力资源风险、财务风险、市场风险和政策风险五大类，见图 3－1。这些风险既有由企业外部的风险因素引发的外源性风险，也有内源性风险。通常，在企业与外部环境进行物质、能量和信息交换的过程中，外源性风险的压力会使得企业内部的问题加速涌现，继而引发内源性风险。

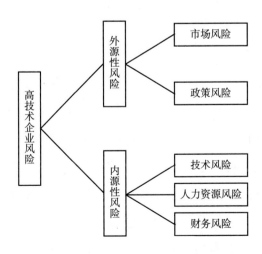

图 3－1　高技术企业的主要风险

技术风险：技术的独特性、价值性是高技术企业获取竞争优势的重要支撑，技术领先能为高技术企业带来显著的先发优势。但企业在通过技术引进获取新技术、通过自身能力创造新技术，以及利用新技术的过程中存在有很大的不确定性。特别是由于科学技术发展速度的加快，技术或产品的生命周期逐步缩短，一项新的技术或产品被另一项更新的技术或产品所替代的时间是难以确定的。毫无疑问，人们需要日新月异的技术变革推动社会的不断进步，然而技术的变革必然会导致相关新资源或新能力的出现，从而造成对现有资源或能力的替代，使企业蒙受损失，甚至丧失竞争优势。对高新技术依赖越强的企业，其技术环境的不确定性也越高，面临的技术风险亦越大。技术风险主要来源于技术研发的不确定性、技术前景的不确定性、技术效果的不确定性、技术寿命的不确定性和技术优势的不确定性等因素。为了保证技术的先进性，高技术企业要通过极高的成本投入进行技术研究和科学探索。研发项目本身的难度与复杂性或创新者自身能力的限制，可能会导致研发活动达不到预期目标；新技术本身应具有前瞻性，但企业无法准确预测新产品能否较好地被市场接受，即使是在技术上获得成功的产品也不一定能被市场接受，如微软公司耗费巨资开发了 Windows Vista 操作系统，但消费者对其认可度很低，无法为企业带来足够的投资回报；有些新技术或新产品在使用一段时间后会暴露出一些负面的影响，从而导致政府或相关部门的反对和限制，如杜邦公司的特富隆产品，而这一点在生物、医药等高新技术行业中体现得尤为明显。新技术新产品也可能由于替代技术的出现、技术标准更新或消费者偏好的改变而使企业无法在产品生命周期内获益。随着全社会信息化水平的提高，技术外泄或被模仿导致关键技术流失的现象在高技术领域最为严重，技术流失严重侵蚀了高技术的优势，甚至会导致原技术优势的完全丧失。

人力资源风险：劳动者所拥有的技术、能力和知识是企业价值增值的重要源泉，因此人力资源可以为企业带来价值增值。随着人所积累的知识和经验的增加，人力资源的价值也相应增加。由于存在知识和认知能力的差异，以及社会分工的存在使人力资源的专用性不断增强，异质性和稀缺性使得人力资源成为各企业竞相争取的对象。尤其是对于高技术企业，人力资源具有难以替代的性质。个人和组织的行为不但取决于人力资源的特性，例如能力以及态度等，还取决于许多外在因素，如企业所提供的机会与条件等，因而在人力资源管理过程中各环节的不确定性都可能导致企业遭受损失。高技术企业的高智力特征决定了知识型员工在其人力资源中的比重较大，而掌握较高技术和管理知识的核心员工也是企业之间相互竞争的关键资源。核心员工常常具有较强的独立意识、鲜明的价值观和高的流动倾向。高技术是以人为载体的，包括技术能力在内的各项企业能力都要通过人才来创造或获得。但是企业不能精确判断员工知识和能力的大小，因此在招聘、委任等环节都存在风险。若企业中关键性的技术或管理人才流失，可能引发技术机密等无形资产的外泄、技术研发的延迟甚至失败，最终导致企业丧失发展机会。

财务风险：财务风险是指由于不确定性的存在，企业在一定时期、一定范围内所获取的最终财务成果与预期的目标发生偏差，从而产生损失的可能性。财务风险客观存在于企业进行资金筹集、资金运用和资金积累分配的财务管理全过程。当然，财务风险也是企业所面临的各类外源性风险和内源性风险的最终体现。高技术企业需要较高的研发投入，而研发活动具有高度的不确定性，高技术产品从构思到成功商品化是以足够的资金投入为前提的。高技术企业的高投入特征决定了无论是前期的风险投资还是中后期的战略性投资都存在财务风险。但当前环境下科技发展日益加速，技术进步日新月异，高技术和高技术产品的生命周期也日益缩短，这些都可能导致企业无法获取预期的财务回报。

市场风险：由市场变化的不确定性引发的风险。高技术企业所依赖的高新技术建立在领先的科学技术基础之上，拥有广阔的发展前景，是正在或即将引起现有社会生产或生活方式发生改变的技术或技术群，因此许多高技术产品都是以创造市场需求为目标的。但市场需求是很难确定的，而且是不断变化的，如经济萧条、金融危机、通货膨胀、技术变革、资本市场变动等宏观经济环境因素可能导致市场需求变化，消费者偏好的变化、资源紧缺、替代品出现等因素也可能引起市场需求变化。市场风险影响着企业技术价值的实现。特别值得一提的还有模仿风险。从理论上讲，高技术企业赖以取得市场竞争优势的关键性技术或核心能力是具有难以模仿性或不可模仿性的，高知识和高投入应该能作为进入壁垒建立并维持原创企业的竞争优势。但在高技术产品商品化的过程中其投入的隐性知识已被编码成为显性知识存在于产品中，显性知识容易被破译和复制。因此在实际中，由于市场竞争的加剧以及技术或能力客观存在的扩散性，特别是信息技术的发展正在日益降低模仿的难度与成本，相互模仿已成为一种普遍的现象和广为使用的竞争手段。一旦市场化的技术或产品被破译或模仿，必然会使原创企业难以获得预期收益。

　　政策风险：企业的生存与发展离不开其所在的宏观环境，政策风险是指由政策法规变化引发的风险，如金融、税收、环保，特别是产业扶持等政策的调整所造成的对企业的不利影响。高技术本身是一个相对的概念，政府的相关政策法规是各国各地区高技术产业和高技术企业认定的依据，而且在很多地区高技术企业还可享受政府促进高技术产业发展的一系列优惠政策，从而在财税、金融、人才、研发补贴、市场准入、进出口等各方面获得较好的发展环境。目前我国很大一部分高技术企业自身的核心竞争优势不明显，企业发展的主要推动力仍然来源于国家或地方政府的扶持政策，因此一旦政府的相关政策发生不利的变化，便会对高技术企业的发展产生较大影响。

（二）高技术企业风险的基本特征

　　高技术企业面临的风险除具有客观性、随机性、复杂性、动态性和传递性等一般风险的基本特征外，还由于高技术行业和高技术本身的特殊性，具有以下特征。

　　知识嵌入性。产品是知识的集合体。高技术产品涉及众多学科的前沿，需要诸多知识的支撑，任一环节知识的缺失都会导致产品失败。而且，在技术开发中需要形成大量的意会知识，并进而将其形成编码知识。在此过程中可能要依赖灵感、顿悟等，而这些嵌入式的知识和能力与主体是密切相关的，因而会带有大量的主观的不确定性。由于高技术企业所具备的高知识特征，无论是在高技术的研发或高技术产品的商品化过程中，面临的风险都或多或少地与知识关联。一般而言，风险的大小是与不同的决策主体及其抗风险的能力相对而言的，因此在高技术企业的发展过程中，知识经验的积累会使得企业抵御风险的能力大大提高。

危害的波及面广。由于高技术产业对国民经济其他各产业的高渗透性,一旦高技术企业的风险来临,风险的传导性就可能使影响波及整个产业链,或由于行业之间的联动性影响,产生风险倍增的蝴蝶效应。另外,随着高技术在深度和广度上的拓展,已不可能由一家企业独立地承担一个项目,产学研形式的纵向联合或多家企业之间的横向联合,使得高技术产品的产业界限不清,风险在扩散过程中波及面大。

引发的状态变化不可逆。有些周期性风险发生时会引起事物状态发生改变,当风险过后,事物可恢复原有状态。高新技术是高技术企业赖以生存和发展的关键,技术风险是高技术企业所面临的主要风险。与宏观经济环境可能发生的周期性波动不同,外部环境中的技术变革没有周期性特征,其发生后所引发的变化具有不可逆性。一旦风险发生,如行业技术更新换代,企业无法采取任何方法使其状态完全恢复到风险发生和扩散之前的状态,企业只能通过自身的变革跟进技术的发展。

较强的动态性。高技术企业一般具有较强的生命周期特征,在不同生命周期阶段企业面临的主要风险和风险程度不同。由于竞争的加剧和技术升级的加快,高技术和高技术产品的生命周期不断缩短。出于对技术生命周期的考虑,高技术企业常在现有技术尚未衰退的情况下,就着手研发新兴技术,新风险和旧风险相互叠加耦合,产生无法预测的变化。

二 知识贯穿于高技术企业抵御风险的全过程

高技术企业中各类主要风险的产生都与知识有密切关系。知识不足和知识运用能力不强是风险的根源,企业往往可以通过自身知识经验的积累,减少风险所造成的损失。如表 3-1 所示,各类风险的产生归根结底都是因为相关知识的不足或知识能力的欠缺。

表 3 - 1　高技术企业的主要风险类型及知识归因

风险类型	主要表现	知识归因
市场风险	竞争激烈、市场份额下降、成本上升、替代品或模仿品出现、产业演变	市场知识、行业知识、技术知识
政策风险	环保、税收、金融、监管以及产业政策的变化	法律政策知识
技术风险	知识产权外泄、创新失败、知识溢出	技术知识、管理知识
人力资源风险	员工能力不足、员工流失、士气低落	管理知识
财务风险	融资缺口、预算失败	财务知识、管理知识

　　企业抵御风险的实践活动一般分为风险识别、风险评估、风险处理，以及评价和反馈阶段。风险识别阶段是抵御风险的首要环节。在风险识别阶段最主要的任务是感知风险的存在，并在此基础上了解潜在风险的来源和性质，分析判断风险发生的可能性及潜在的损失，确定各风险因素之间的关系。常用的风险识别方法包括调查法、访谈法、头脑风暴法、德尔菲法、系统动力学模型等。在风险评估阶段要根据各风险发生的可能性及其影响进行分类排序。常用的风险评价方法包括层次分析法、模糊综合评价法、贝叶斯方程、决策树法等。风险评价过程还需要依赖决策者大量的主观感受与经验判断。评估了风险的大小之后，在风险处理阶段要制定风险应对备选方案，实施风险对策。常见的风险应对措施包括风险规避、风险转移、风险分散和风险自担。评价和反馈阶段主要是检查评价风险对策实施后是否达到降低风险的不确定性、减少损失的目的。

　　在企业抵御风险的过程中不仅要运用到处理特定风险事件所

需的专有知识，也会涉及社会、经济或心理方面的一般性管理知识，以及统计分析所需的数学知识和计算机技术。这些知识部分来源于蕴涵在管理者和员工个体的头脑之中难以察觉的隐性知识，部分来源于企业规章制度中的显性知识，或是经企业固化的组织知识。在风险识别、风险评估和风险处理三个阶段企业所需要的知识既来源于企业内部，也来源于企业外部。这部分知识的丰富程度以及利用效率取决于企业对外部知识的获取能力和对内部存量知识的整合、创新能力。

　　企业抵御风险、适应环境的过程是一个体验、经历的经验产生过程。知识与企业抵御风险的实践活动关系密切，一方面，企业必须要通过知识才能识别和应对风险，另一方面，在抵御风险的实践中企业的知识也得到不断积累和提升。为获知环境的变化，企业需要不断地从外部吸收知识，并依靠知识创造能力和知识整合能力，将企业内部静态的组织知识存量以一定的方式和结构动态整合成结构性知识，作用于风险识别、风险评估和风险处理各阶段，最终贡献于企业抵御风险的目标。在此过程中显性的和外部的知识被转换为特定组织知识，新知识与先前的知识积累相结合，促进了组织中知识的形成和积累，而知识存量的增加也会提升企业未来的知识能力。而且，在抵御风险的实践中，无论成败，企业都可以通过对抵御风险行为的评价与反馈，获取和积累相关的信息，这些信息经过组织学习成为有价值的经验和新知识，又可以用来指导企业未来应对风险的实践。可见，知识的运用贯穿于企业抵御风险的全过程，同时伴随着风险实践，组织知识也得到了进一步的积累和深化，企业未来抵御风险的能力得到增强。知识与企业抵御风险活动的关系见图 3 – 2。

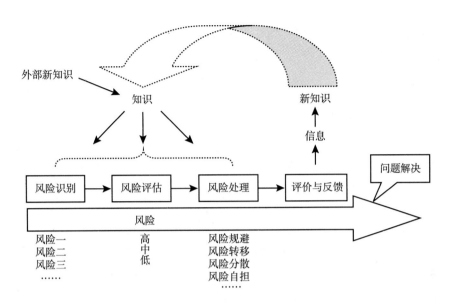

图 3 – 2　知识与企业抵御风险活动的关系

第三节　对高技术企业抗风险能力本质的分析

和其他很多社会科学领域的概念一样，随着应用范围和条件的不同，企业抗风险能力的内涵和外延可能会发生变化，因此对企业抗风险能力本质的探讨有利于正确理解其内涵。

一　企业是知识的聚合体

Penrose 的理论指出，企业是一种知识聚合体，企业发展的本质是以专业化生产为导向的一系列相关的、可再生的知识资源的集聚、演化过程。根据知识基础论的观点，企业被视为异质的、作为知识载体的经济主体。Kogut 和 Zander 认为，企业是社会共同体，这个共同体根据一系列高度秩序化的组织原则加以结构化，将个体和社会的专长转化为经济上有用的产品和服务，而这种结构化不能被还原到个人。这意味着企业比市场做得更好的是有关个体和群体的知识的转移与共享。而且企业的这种能力是一种综合性能力，它能够整合与应用当前的和新获得的知识。也就是说，企业不仅能够转移知识，还能创造知识。Grant（1996）的研究指出，商品生产需要拥有不同知识的专业化的个人之间的协调，但市场由于面临高度默会性知识的不可流动性和高度明晰性知识存在被潜在购买者盗用的风险两方面的因素，而不具备这种协调能力。企业的存在为整合不同的专业化知识创造了条件，这些条件促进了不同个人拥有的专业化知识之间的协调。企业的边界是由知识的利用效率决定的，企业不仅是一个知识的集合，而且还是一种知识整合机制。

二 知识是企业持续竞争优势的源泉

知识是高技术企业形成持续竞争优势的关键因素。有关企业竞争优势的讨论最早来源于经济学领域。战略管理领域中"企业为什么会取得竞争优势"这一问题在经济学中的表述是"企业为什么会取得超出平均水平的租金"。经济学家 Barney（1991）认为，如果某种资源能够使企业在其所处的环境中充分利用机会或抵御威胁，则这种资源是有价值的。资源价值的大小取决于它产生准租金的潜力和企业是否能以低于价值的价格获得该资源。在资源的要素市场不完善的情况下，企业有可能以低于价值的价格获得资源；但在完善的要素市场上，资源的价格和价值保持一致，企业不能获得高额准租金。所以通过企业内部化积累而形成的资源才有可能具有低于价值的特性。Spender 认为导致企业获得超额租金的要素不大可能从外界获得。只要市场是有效的，企业的竞争优势来源于企业内部的独特性因素。资源基础论认为，企业内部最独特、最有价值的资源是企业拥有的知识。企业能力理论认为，决定企业核心能力的因素是隐藏在背后的企业的知识以及由知识所决定的学习能力。动态能力是指企业改变其作为竞争优势基础的能力的能力，而改变能力的能力的背后就是知识。在环境选择机制作用下，企业现有惯例或知识基础决定了企业之间竞争性行为的结果。知识经济时代，企业的主要价值都嵌入其自身的知识资产中，有效的知识管理被看成是企业竞争优势的主要来源之一。

因此，无论是从资源基础理论出发，还是从能力基础理论分析，都可以得出知识是企业能够获得和保持竞争优势的源泉的结论。而且这种观点在企业能力理论研究从企业的"资源基础理论"发展到"知识基础理论"后更加明确了。按照企业竞争优势理论的发展逻辑分析，企业内在成长论和资源基础理论强调企业内部拥有的独特资源是竞争优势的来源，该理论解释了创造竞争优势的资源的特征。企业能力基础理论认为企业的竞争优势来自企业配置、开发和保护资源的能力，该理论回答了如何选择资源和有效地应用资源的问题。企业知识基础理论把企业看作异质的知识实体，一切组织活动实质上都是知识的获取、转移、共享和运用的过程。知识的默会性和复杂性使得企业的知识存量以及由与知识相关的认知能力、转移能力和吸收能力所带来的知识增量成为企业竞争优势的来源。知识基础理论回答了什么决定了企业配置、开发和保护资源的能力的问题。企业竞争优势的最终源泉是企业拥有的独特知识。企业核心竞争力的价值性、延展性和独特性特征与隐性知识所具有的稀缺性、累积性和难以模仿性几乎不谋而合。随着对企业竞争优势来源的深层次揭示，可以看到企业发展的本质是不断地积累和创造适应外部环境的知识，促进能力的演化，从而形成独特的竞争优势。因此归根结底，知识是企业竞争优势的最终来源。可以说，未来的成功企业必将把知识作为最独特的生产要素，并能够较其他企业更快速有效地通过学习和创新途径来获取、积累和整合企业赖以生存的关键知识和技术，不断优化组织知识的结构，只有这样才能为企业赢得竞争成功和维持持续竞争优势奠定坚实的基础。

三　知识的积累有利于风险的递减

Knight 在其《风险、不确定性与利润》一书中把不确定性作为分析组织的一个核心因素。他认为，不确定性来源于知识的不完全性，它表现为经济行为主体对经济事件的性质缺乏基本的认识和预见。利润是经济行为主体对经济活动未来结果主观判断和认知的结果。与 Knight 的观点相同，Hayek 也从知识的角度认识不确定性，他把知识的不完全性和预期的不确定性归结为知识的分散性，从而把不确定性问题转化为决策中知识的利用问题。演化经济学将企业的性质理解为动态演化的知识和能力的集合体。根据演化经济学的观点，现实世界中存在不确定性，完全理性的假定是不可能的，与最优决策相关的信息不仅是稀缺的，而且是不均衡分布的，企业行为的最大限制是知识的不完全性。张黎明等（2008）认为，由于决策者对客观事物信息的获取能力是有限的，且受到其主观认识的限制，因此信息知识的不确定性将会给最终决策带来不确定性。提出了有限理性假设的 Simon（1955）认为人们在面对风险时所做出的决策的优化程度与决策者掌握信息知识的数量和质量有关。由于获取完全信息的成本太高，人们通常是在信息不完全的条件下做出决策，决策过程更多地遵循"满意"的原则。这也就意味着存在通过增加信息知识减少不确定性，提高决策理性的可能性。决策过程是一种搜索和心理评价的过程，而由于知识具有路径依赖、边际搜寻的特点，这样的搜索过程总是从边际开始，即从决策者原有方案的附近搜索新的方案，并且现有知识存量决定了未来知识积累和创新的方向和速度。企业是生产性知识和能力积累的载体，对未来的把握取决于特定企业的知识积累状况。另外，由于企业活动的复杂性、知识的嵌入性和不确定性等原因，那些已经能够被人们所掌握的知识受到知识属性和运用能力的影响，在运用的效率空间及价值空间方面存在差异。因此知识的积累和知识能力的提升减少了无知对决策的影响，有利于降低不确定性，从而减少风险。

四　高技术企业抗风险能力的本质是知识

企业抗风险能力是多种企业能力的整合，它具有企业能力的属性特征。国内外现有文献已认识到知识对企业能力形成和发展的重要作用，并尝试从知识和企业能力概念和内涵等方面对两者的关系作出解释。

早期的理论可以追溯到亚当·斯密、马歇尔等学者提出的企业分工理论，他们认为劳动分工可以加快知识积累的速度。随着分工的深化，在企业各种独特资源的作用下，企业会形成能力并使能力得到超常发展。Penrose 认为企业能够预见并把握各种生产机会的能力源自企业内产生的各种经验和知识，尤其是企业积累"标准化操作规程"和"程序性决策"方面知识的机制，以及企业积累用于产生"非标准化操作规程"和"非程序性决策"的新知识的机制。因此，Penrose 认为要特别重视企业固有的能够逐渐拓展其生产机会的知识积累倾向，企业在技术诀窍及管理能力方面的特定能力是产生持续竞争优势的重要源泉，从长期来看影响企业成长的主要是内部管理资源。Bierly 和 Chakrabarti 的研究发现，企业间的组织绩效差异是因为它们具有不同的知识库和不同的发展和配置知识的能力。

能力可以被看作企业知识的集合。对能力（capabilities）作了明确定义的 Richardson 在其著作《产业组织》（1972）中把能力定义为企业所拥有的知识、经验和技巧。Grant 认为，组织能力是知识的集成。Barton（1992）认为核心能力是使企业独具特色并带来竞争优势的知识体系，并将核心能力定义为区分和产生企业竞争优势的知识束。Kathleen 和 Jeffret 认为动态能力是市场变化时企业建立新的资源基础的组织惯例和战略惯例。知识和惯例几乎同义，一般认为惯例是知识的外在表现，惯例更多地强调行为方式和行为过程，知识更多地强调心理或认知过程。知识是能力构建的基础，隐藏在能力背后并决定企业能力的是知识和与知识密切相关的认知学习。以 Teece 为代表的动态能力观点也非常重视知识资源的重要性。Teece 认为知识资源是企业能力的基础，而企业能力是企业产品和服务的基础。企业的本质要素是创造、转移、组合、集成和利用知识资源的能力。企业为适应不断变换的环境必须更新自己的能力，而提高和更新能力的方法主要是技能的获取、知识和诀窍的管理以及学习。企业之所以要更新自身的能力，是因为隐藏在能力背后的知识不再适合环境的变化。企业改变能力的过程就是企业追寻新知识的过程，改变能力的结果是企业建立了一套新的知识结构。

在研究企业能力的国外文献中，有两个常用的词——"capabilities" 和 "competence"。从资源的视角，它们都是组织获取竞争优势的基于知识的无形资源。Leonard-Barton 把

"competence" 看成是蓄积知识的能力，而 "capabilities" 是开发利用知识的能力。从知识的角度看，"competence" 是和特定 "任务" 相关的能力，侧重于价值链特定环节上的技术和产品专长；而 "capabilities" 则是组织整合内外资源，是关于能力和能力应用的能力，比 "competence" 具有更宽的基础，涉及多个价值链环节甚至是整个价值链，是具有明显的隐性特征的知识。

抗风险能力不是一种或几种企业能力的简单组合，而是企业在动态环境中整合内外部资源抵御风险的综合能力，可以判断企业的抗风险能力属于 "capabilities"。但无论是 "capabilities" 还是 "competence" 都具有知识特征，具有 "能力" 和 "知识" 属性的抗风险能力，本质上是知识。

第四节　基于知识的高技术企业抗风险能力的提出

高技术企业是知识经济下的一种重要组织形式。企业能力理论认为企业能力来源于企业所拥有的资源，以及对各种资源进行整合利用的方法和手段。企业知识观理论认为企业是知识的集合体，那么高技术企业更是一个高知识的系统。决定高技术企业能力和竞争优势的关键是企业所掌握的独特知识与能力。知识的积累有利于风险的递减，企业抗风险能力的本质是知识。

在当前以知识为基础的经济社会中，建立在一系列自然科学和工程技术的突破性研究成果基础之上，并可以为企业或社会带来显著的经济效益的 "高技术"，其概念已超出了一般 "技术" 的范畴。尤其是产业化使 "高技术" 具有了跨学科的性质，高技术产品成为尖端性的技术知识和市场知识的集合体，嵌入在产品中的知识才是企业竞争优势的主要来源。企业对技术、市场、产品和客户的知识掌握得越多，就越能在竞争中取胜，知识是企业抵御风险的基础。

Nonaka 通过对日本众多世界知名的高技术企业，如佳能、NEC、夏普等公司的调查发现，这些公司凭借创造新市场、对顾客需求迅速做出反应、快速的产品研发和采用先进技术的能力取得了辉煌的成就，而这些能力来源于企业所拥有的较强的吸收和创造新知识的能力。知识经济的发展为知识的传播与使用创造了条件，在此过程中，源源不断地积累和更新换代的知识必然为高技术企业带来发展的可持续性。因此，知识的积累与运用已成为高技术企业抵御风险、适应环境变化、获取可持续竞争优势的关键。

综上所述，本书提出基于知识的企业抗风险能力的研究视角。为了进一步构建基于知识的企业抗风险能力的理论研究框架，本书后续章节将主要从基于知识的高技术企业抗风险能力的构成与测度、基于知识的高技术企业抗风险能力的演化、基于知识的高技术企业抗风险能力与竞争优势的关系的实证研究三个方面进行论述。

第五节　本章小结

对企业抗风险能力的研究有许多视角，基础理论也还未形成统一的观点。对企业抗风险能力内涵和本质的理解，尚存在很多差异。一些研究中企业抗风险能力直接被作为一个前设的概念使用，缺少明确的内涵界定。在此情况下，明晰概念和内涵界定是后续研究的基础。

　　本章首先界定了企业抗风险能力的概念和内涵，抗风险能力是指一个企业在面临环境的不确定性变化时，对其所拥有的内外部资源和能力进行协调、更新，以抵御风险，实现与外界环境协调发展的能力。企业抗风险能力具有耐受环境变化和适应环境变化的两个功能层面。抗风险能力具有价值性、知识性、整合性、动态性、独特性、延展性和路径依赖性的特征。它和企业的竞争力、核心能力、创新能力、动态能力等概念既有区别又有联系。然后结合对高技术企业风险的分析，以及知识在企业抵御风险和获取持续竞争优势过程中的重要作用，本章重点从企业是知识的聚合体、知识是企业持续竞争优势的源泉、知识的积累有利于风险的递减等方面揭示了企业抗风险能力的知识本质，并在此基础上提出了基于知识的企业抗风险能力的研究视角。

第四章　基于知识的高技术企业
抗风险能力的构成及测度

本章将在前文明晰概念和界定内涵的基础上，对基于知识的高技术企业抗风险能力的构成要素进行划分，并开发设计基于知识的高技术企业抗风险能力的测度量表。为了检验测度量表的有效性，开展相关的实证研究和统计分析。

对企业抗风险能力的分析可从组织分析的三个基本视角即资源、能力和知识去切入。首先，从资源视角看，企业抵御风险的能力体现在其所拥有的资源的独特性和冗余性方面，资源指企业拥有、控制或可以接触的有形或无形的资产，包括各种物质、人力、技术、知识等投入要素。而在所有资源中，知识资源被视为最为核心和重要的资源。知识因其难以流动和普遍适用的特征而被认为是企业持续竞争优势的最可能来源。知识有利于企业更准确地预测环境的变化趋势并采取适当的行动，因此，知识已成为企业抵御环境风险的关键性资源。其次，从能力视角看，企业能力作为企业竞争优势来源的基础，正从有形的物质形态转向越来越多地依靠无形的知识形态。事实上，企业能力理论也非常重视知识资源对能力的重要作用。一些学者（Maurizio Zollo，2002；Zott，C.，2003；Dougherty，D.，2004）将动态能力理解为一个知识处理的循环流程，动态能力发展的核心是知识资源的使用。Prieto 和 Easterby-Smith（2008）的研究认为能力通过基于知识的流程支撑了企业的持续更新。Teece 等（1997）认为知识资源是企业能力的基础，而企业能力是企业产品和服务的基础。企业的本质要素是创造、转移、组合、集成和利用知识资源的能力，可见，知识是企业能力的基础和本质的观点已得到理论界的认同。最后，从由资源基础理论拓展而来的知识视角看，企业作为异质性知识的集合体，其竞争优势源于对知识的创造、存储及应用。更多的惯例、知识的积累及其组织方式为企业提供了更多的选择和灵活性，最终体现为企业对动态环境更强的适应力上。综上所述，无论是从传统的资源、能力视角，还是从知识视角，学者们都认可知识资源是企业获取竞争优势、适应环境变化的关键。

第一节　高技术企业抗风险能力的 构成要素

根据上一章对知识与企业抵御风险活动的关系的分析，结合知识对高技术企业的重要作用，从知识的视角看，企业抗风险能力本质上是企业在面对环境的不确定性变化时，充分发挥知识的作用，对各种资源进行重构和整合以应对风险、适应环境变化的能力。能力的内隐性使其通常难以描述，为了分析基于知识的高技术企业抗风险能力的构成要素，本书通过文献研究、企业案例研究和专家访谈的方式，探索性地归纳出四个方面，即知识吸收能力、知识创造能力、知识整合能力和组织知识，具体分析如下。

一 知识吸收能力

企业需要在不断变化的外部环境中探寻和获取新的知识。吸收外部知识贯穿于企业抵御风险的全过程。吸收外部知识一方面有利于企业快速感知外部变革，另一方面企业可以通过获取外部有关新技术、新需求等方面的知识，发现并利用新机会。吸收能力越强，越能辨别外界有用信息的价值，对于外界环境变化的掌握能力也就越强。事实上，早在 20 世纪 50 年代就有学者指出，创新更多的是"borrowing"而不是"invention"的结果。随着知识经济的到来，企业环境的复杂性和不可预测性日益增强，在企业风险不断递增的背景下，高效率地获取外部资源尤其是外部知识资源对于企业生存和发展的意义愈加重大。尽管所处产业和地域有所不同，但企业对外部知识源利用的不断增加已成为当今显著的全球性趋势。Chesbrough（2003）认为，企业从环境中获取的外部有用知识越多，越能提高其驾驭环境的能力。

知识吸收能力起源于熊彼特关于技术创新对于经济增长作用的经济理论研究。新经济增长理论认为知识是经济增长的主要因素，可以产生内在的经济效应。从事宏观经济研究的学者 Adler（1965）在论述吸收能力的概念及其决定因素时，认为吸收能力是一个宏观经济体系利用和吸收外部信息和资源的能力。在管理学的研究视野内，Cohen 和 Levinthal 最早借鉴了这一思想，把吸收能力定义为企业识别外部新知识和信息的价值，将其消化吸收并应用于商业目的的能力，他们认为知识吸收能力由认识能力、消化能力和应用能力所构成。Mowery 和 Oxley（1995）认为，吸收能力是一系列技能的集合，包括将隐性知识转化为显性知识，将外部技术转化为内部所用的能力等。Zahra 和 George 提出知识吸收能力是组织的一系列惯例和过程，企业通过对它们的应用，获取、消化、转化和应用知识从而产生动态的组织能力，并将吸收能力划分为潜在的知识吸收能力（对知识的获取和消化的能力）和现实的知识吸收能力（对知识转化和应用的能力）。Kim（1998）提出了一个相对简单的概念，他认为吸收能力包括学习能力和问题解决能力。学习能力是一种基于模仿的消化外部知识的能力，问题解决能力是一种基于创新性学习创造新知识的能力，即一方面引起企业对外部环境知识的评价及内化的需要，另一方面集中于从过去的经验及现在的行动中学习，将内部流程转化为有用的行动。

尽管学者们的研究视角不同，对知识吸收能力的内涵认识存在差异，但是在知识吸收能力的理论研究方面还是达成了一些共识，即知识吸收能力是一种由多维度构成的基于知识的动态能力，它可以使企业通过管理行为有效地重构和利用知识资源进行变革，并最终表现为企业的竞争优势。对于吸收能力构成维度的研究，学者们各持己见，但基本可以归纳为广义和狭义两类。广义的吸收能力包括知识获取、知识转化和知识运用，几乎涵盖了知识管理的所有活动。如 Zahra 和 George 基于吸收能力的形成过程开发的吸收能力模型强调了知识获取、知识同化、知识转化和知识利用四个维度，并将知识获取、知识同化作为吸收能力中的基础能力，将知识转化和知识利用作为知识变现能力。Lane 等（2001）将吸收能力区分为了解、消化及应用三个维度，Van Den Boseh 等则认为吸收能力包括识别、消化及应用三种能力。Gergana Todorova 等（2007）的研究则在上述模型的四个维度的基础上增加了知识/信息价值辨识维度。Baughn 等（2006）将吸收能力划分为识别外部知识价值、消化外部知识，以及应用外部知识的三个能力维度。而狭义的吸收能力主要是指组织对外部知识的获取。研究文献一般都会根据自己的研究对象和研究目标,对吸收能力包含的范畴进行具体界定。由于知识吸收能力在相当大的程度上决定了企业知识获取的数量和质量,并且为了避免与后文中知识创造能力和知识整合能力在职能上的交叉重叠,本书在参考 Cohen 和 Levinthal 研究的基础上,结合 Gergana Todorova 等(2007)的研究,将吸收能力理解为企业对外部知识的识别、获取和应用的能力。

获取和利用外部知识资源,尤其是相关技术资源对于高技术企业抵御风险、适应环境变化具有决定性的意义。Balakrishnan 的研究认为,外部环境中技术变革的速度越快,吸收能力对企业绩效的影响越显著。高技术项目研发投入大,产品生命周期短,卓有成效地获取和利用外部技术知识资源,有利于企业克服初期技术风险,掌握先进技术,实现跨越式发展。高技术企业要结合自身的战略、目标、文化等,对企业外部潜在的信息知识进行监测、搜索、评价和选择。通过多种渠道获取外部知识,如市场类来源包括供应商、分销商、用户、战略联盟伙伴或竞争对手等,机构类来源包括大专院校、研究所和政府机构等,标准类来源包括环保标准、技术规范和健康安全标准等,其他渠道的来源还有学术会议、专业论文、出版物、数据库、行业协会等。技术引进、合作研发、企业并购、购买专利和招募掌握相关知识的人员等手段都是获取外部知识的途径。

二　知识创造能力

对企业外部知识的获取并不能完全满足企业抵御风险、持续发展的需要,企业还必须通过内部活动创造知识。知识创造能力是通过学习和分享，在企业内部不断产生新知识的能力。知识创造能力是企业在一定的存量知识资源和增量知识资源共同作用下的能力，存量知识资源主要是指企业可用于知识创造的相关人、财、物等资源，而增量知识资源则是企业进行知识创造活动时，能从外部环境获得的资源。芮明杰（2004）认为快速的知识创造能力是高技术企业长期竞争优势的最重要源泉。Bettis 和 Hitt（1995）通过对多个产业的研究发现，知识创新能力是企业适应外部变化，持续发展的一个关键因素，越具有创新能力的企业，其竞争优势越强。1995 年 Nonaka 在《论知识创造的能动过程》一文中首次提出了知识创造的 SECI 过程，并提出了组织知识创造的场所模式以及知识创造的结果与支撑。作为对知识创造过程的较为深入透彻的研究，Nonaka 的理论认为，隐性知识和显性知识二者相互转化、相互作用的过程就是企业知识创造的过程，该过程包括社会化、外化、组合化和内化四个阶段。Nonaka 和 Takeuchi 等学者一致认为，企业内部的知识创造是持续价值创造和创新的基础。学术界对知识创造能力的理解也有不同的观点，一些文献中知识创新能力和知识创造能力的概念被混用，本书认为知识创造是知识创新的一个子集。

随着知识经济下企业之间的竞争日益激烈，企业在市场上的竞争已演变为技术创新能力的竞争，而企业的知识创造能力已经成为决定企业生存和发展的关键因素。客观科学地认识知识创造能力的构成和影响因素，并有效地评价企业的知识创造能力对于企业和社会都具有特别重要的意义。对于知识创造能力的构成和影响因素，学者们也从不同的视角进行了研究。Ken（2005）认为知识创造能力受到知识基础、社会资本及文化氛围三个方面的影响。Mireille（2005）将影响知识创造能力的因素归纳为领导水平、组织结构、文化氛围、增值效益及战略联盟五个方面。
Wasan（2006）认为影响知识创造能力的因素是领导远见、信任、合作、直觉、信息技术支持及个体竞争力。汪小梅等（2006）将影响知识创造能力的因素归纳为管理能力、组织结构、员工知识创造能力、硬件设施、文化氛围、组织外部因素六大类。刘力钢等（2007）将企业知识创造能力的影响因素分为四个方面，即企业人力资本存量、企业信息交换与整合状态、创新激励程度和有效制度结构。王培林（2010）将企业的知识创造能力的影响因素总结为组织氛围、资源投入、研究开发、个体知识创造能力和外部环境。张卫星等学者在进行区域知识创造能力比较的研究中将知识创造能力的指标划分为研究开发投入、发明专利授权、科研论文以及科技投入产出比四项。郭伟等（2010）的研究提出了社会资本和区域基础环境是高新区企业知识创新能力的主要影响因素，并通过对西安高新技术产业开发区企业的实证研究，分析了社会资本中的结构资本、认知资本、社会基础环境，以及区域基础环境中的战略资源、政策激励、区域文化与高新区企业知识创新能力的关系。

对于高技术企业而言，自身的知识创造能力具有更突出的重要性。尽管吸收外部知识可以帮助企业解决初期技术瓶颈等关键问题，但如果单纯依赖外部知识资源，忽视自身内部知识的创造和积累将会使企业失去持续发展的后劲。最具战略意义的核心技术或新兴技术是企业竞争优势的主要来源，掌握这些技术的企业总想方设法防止竞争对手获取或模仿。如果企业自身没有相应的内部知识资源构建能力，仅靠获取外部知识资源只能帮助企业实施跟随战略，无法在技术上赶超或领先于竞争对手。而且一旦行业发生技术的更新换代，特别是出现技术范式的转变，企业又不得不再花极大的代价去获取新的外部资源，重新进入跟随的困境。Eisenhardt 和 Martin（2000）的研究认为在前沿性知识对战略和绩效起关键作用的产业中，企业的内部知识创造是一种获取优势的重要动态能力。

高技术企业知识创造的直接结果是企业所需技术、工艺、创意、经验等知识要素的增加，知识存量的增加为知识的进一步动态积累提供了知识储备基础。这些知识可能以隐性知识的形式保存在企业成员的头脑之中，也可能以其他形式存在于企业的制度、经验、操作规范，甚至企业文化中。另外，高技术企业知识创造的间接作用更为重要，有学者（Cohen，W.，1989；Gambardella，A.，1992）研究认为，企业良好的知识创造能力能帮助其提高对外部知识的评估、吸收、消化和使用的能力，并有利于企业发现创造环境变革的机会。

三　知识整合能力

随着环境不可预测性的增强，企业面临的风险也日趋复杂。多种风险往往是同时发生的，传导过程中又会发生耦合，强度加大。风险的复杂性使得企业必须在最合适的时机、以最恰当的知识来识别、评估和处理风险，企业必须有能力整合那些原本是以零散的状态或各种组合形式存在的知识。整合能力将分散化的知识整合起来成为具有适应性的定制化知识，从而充分发挥其在企业抵御风险过程中的价值。知识整合能力是指为了特定的目标，运用科学的方法对不同内容、不同来源、不同结构以及不同形式的知识进行综合运用、重组以形成新的知识体系的能力。重视知识整合的知识观学派的学者们认为知识的价值关键在于知识在多大程度上被有效地重组。Zahra 等（2006）认为良好的整合能力有利于克服企业变革所带来的恐惧。Teece（2007）指出，企业内部以及企业与外部组织之间的知识整合十分重要。实际上，知识整合是探索新形式的知识资源连接关系与结构，是一种基于学习的创新活动。Kogut 和 Zander 认为，知识整合能融合不同种类、不同形式的知识以及复合资源，是对既有知识和潜在知识的新组合，是一种结合的能力。

Garud 认为，除积极吸收外部知识外，企业还要通过整合知识强化自身的能力，企业知识整合能力的大小取决于其有效搜集信息和促进知识在内部各部门之间扩散的能力。企业中的知识整合有四个递进的层次，即个体层、群体层、组织层和组织际。Grant（1997）等学者认为知识整合有利于企业获取持续竞争优势，在企业的知识整合中，整合知识的跨度越大，整合机制的复杂程度越高，能被竞争对手复制的可能性也就越小。国内学者谢洪明等（2008）认为知识整合是组织应用知识创造价值的能力，它将各种不同属性的知识融合在一起，可以形成新的概念或新的工艺。

Grant（1996）认为知识整合能力包括整合效率、整合弹性和整合范围三个维度。知识整合效率是指知识的进入和使用程度，知识整合弹性是指吸收外部知识以及重构已有知识的程度，知识整合范围是指特有知识的宽度。Boer（1999）指出企业知识整合能力包含系统化能力、社会化能力和合作化能力三个方面。系统化能力是指生产的标准化程度，以及按照工作规范使用信息设备的操作能力；社会化能力是指企业文化、组织氛围、精神动力推动隐性知识整合成新知识的能力；合作化能力是指组织成员与组织内外部成员互动沟通，将复杂的显性知识或隐性知识整合为新知识的能力。芮明杰（2010）将知识整合分为社会化程度、合作程度、系统化程度及目标化程度四个因素。

知识整合是高技术企业运用知识的重要手段。Katila（2002）指出，很多高技术企业通过知识整合能够将企业内外部的知识消化、吸收，转变成自身的知识体系，其结果是促进了企业新技术和新工艺的发展，提高了企业的创新产出。Jie（2005）基于对中国高技术产业的调查指出知识整合和创新能力对新产品开发绩效有显著的促进作用。仝允桓等（2008）从知识整合的角度探讨了高技术企业内部的技术转移机理，研究认为，知识整合可以提高高技术企业内部的技术转移效率。

高技术企业的管理活动是一个由科学研究、技术创新、生产制造、市场营销、成果商品化以及产业化大生产各阶段组成的复杂系统。系统内各要素由于专业化分工，存在目标差异、知识离散等情况。面对这个复杂系统可能出现的各种风险，任何单一的知识都无法解决。通过知识整合，汇聚那些分散的专业知识，并加入从企业外部获取的知识，促进员工补充对企业有用的新知识，加工处理形成企业整体所掌握的知识。每个环节中的知识要素必须有机结合，才能引导企业在动荡多变的环境中快速开发产品，有效地满足不同的市场需求，最终提高企业抵御风险的能力。通过引进先进技术，实现外源性技术和本土市场知识的整合是高技术企业常用的战略。探索跨越技术领域的多元化整合也是高技术企业提升竞争能力的重要手段。由于企业整合的知识具有多重属性，因此这种跨维度的整合往往能创造新的优势，达到跨越式发展的目的。

四　组织知识

企业进行风险识别、风险评估和风险处理所需要的能力在很

93

大程度上依赖于企业的组织知识。组织知识是指某一组织系统在特定时点所拥有的知识的总量，是企业在实践中所积累的依附于内部人员、设备和组织结构中的所有知识的总和。在本研究中组织知识是知识的静态表征，相当于组织知识存量。约瑟夫（2000）认为组织知识存量是指某个组织或系统在特定时点所拥有的，能直接或间接为其创造价值的知识总量。知识存量既能体现组织系统的竞争能力，也能反映组织生产经营的潜在能力。

在以知识经济为主要特征的竞争环境中，组织中的知识是企业需要具备的对创造企业价值不可或缺的资源。按 Nonaka 的观点，组织知识可以分为常规性知识、经验性知识、概念性知识和系统性知识四大类。常规性知识是那些已成为日常工作常规，内化在组织的行为和实践中的默会知识，如技术诀窍、技能，以及组织文化等。经验性知识是由经验传递而共享的默会知识，它一般靠社会过程来建立，在组织成员之间，成员与客户、供应商之间分享。概念性知识是可以用语言、符号和公式清楚表述的明晰知识，它是个人理解的模糊知识通过外在性过程转化而成的公共术语和概念，如品牌价值、产品概念、产品设计等。系统性知识是有序化、系统化的明晰知识，它们常被组合成易于传播的文件和数据形式，例如产品说明书、手册和有关客户与供应商的文件化信息等。Teece（1998）概括的企业组织知识除了高效的组织程序与惯例之外，还包括人力资本、个人技能、内化的和技术性的"Know-how"，以及相关知识产权，其组成如图4-1所示。

Barton（1992）认为能够识别和提供竞争优势的组织知识体系大致可以划分为知识和技能、技术系统、管理系统以及价值观系统四个维度，其中知识和技能、技术系统构成了企业的主要知

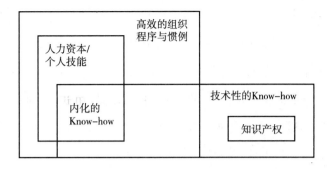

图 4 – 1　组织知识资产模型

资料来源：David J. Teece，1998。

识库，而后两个维度则构成了企业的整理和控制知识系统。罗正清（2009）将组织知识划分为深度、宽度和强度三个维度。知识深度表示特定领域知识发展所处的阶段；知识宽度表示组织拥有的不同知识的种类；知识强度反映组织中的知识分布和共享的程度，可以用某类知识相应等级上的知识员工数量来表示。徐彪、张晓（2011）将组织知识分为技术知识、顾客知识和竞争者知识三类。技术知识主要指员工掌握的技能、诀窍等无形知识，以及有关企业产品的设计研发知识、受法律保护的专利和版权等知识产权资源；顾客知识主要指企业在与顾客沟通和交易的过程中产生和积累的信息和经验，顾客知识能帮助企业了解市场需求，更好地满足顾客的潜在需求；竞争者知识主要涉及有关竞争对手的产品、技术、市场竞争能力、优劣势等方面。

　　技术性的组织知识对于高技术企业最为重要。高技术企业可以通过知识吸收促进组织知识的增长，如通过购买先进设备、技术引进、技术学习、人才引进和购买专利等手段，把企业外部的知识纳入企业的知识体系；也可以通过知识创造和知识整合促进组织知识的增长，如自主创新或合作创新的方式。不同的组织知识增长方式带来的知识存量增长的效果是有差异的，有些方式如技术引进、专利购买对组织知识存量增长的贡献是有限的。自主研发是对企业技术知识贡献较大的方式。Cohen 和 Levinthal（1990）的研究显示，那些擅长自主研发的企业都能较好地使用外部可用信息，这也意味着吸收能力对自主研发有积极作用。企业可以通过获取行业内竞争者的外溢知识，以及行业外如顾客、供应商、分销商、大学、政府或其他合作伙伴的知识，增加自身技术知识存量，它们之间的关系如图 4－2 所示。

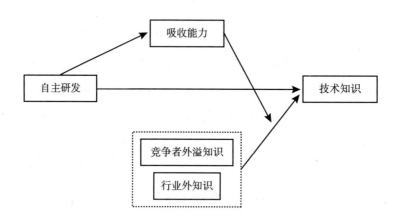

图 4－2　企业技术知识的来源

作为高技术企业抗风险能力的基础，知识是"知"与"识"的有机结合体，其中"知"是指存量的知识，是知识静态性的表征；"识"体现的是知识的动态性和过程性，反映的是企业知识的吸收、创造和整合等动态积累的过程。没有静态的组织知识存量积累，就没有发展的基础。静态的组织知识是企业能力刚性的来源，在动态环境中企业需要依赖自身的刚性保持相对稳定，但刚性也会导致惯性，不利于其适应环境的变化。而知识必须要被激活才能体现知识存在和应用的价值，吸收能力、创造能力和整合能力有利于克服能力中的惯性，为企业带来动态灵活性。当其他条件一定时，企业所拥有的组织知识存量越多，其抗风险能力就相对越强。而当拥有同等水平的组织知识存量时，企业对知识存量的整合和创新能力越强，其抗风险能力就越强。因此，基于知识的企业抗风险能力的四个构成维度兼顾了企业能力在动态环境中必须具备的刚性和柔性，有利于从静态和动态两个方面实现企业抵御风险、适应动态环境变化的目标（见图 4 - 3）。

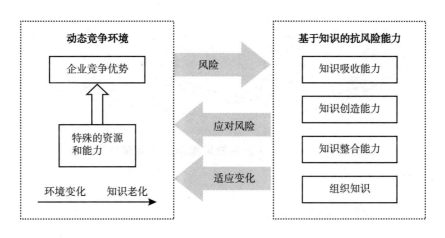

图 4 - 3　抗风险能力与动态环境的关系

第二节　高技术企业抗风险能力的测度

系统而严谨的概念测度是定量化实证研究的基础。基于知识的高技术企业抗风险能力的测度量表的开发不仅可以检验该概念理论观点的正确性，而且也是后续关于企业抗风险能力与企业竞争优势之间的关系定量化实证研究的重要基础和前提。

根据上一节对基于知识的高技术企业抗风险能力构成要素的

划分，本书探索性地构建了高技术企业抗风险能力的测量模型，如图4-4所示。它包括知识吸收能力、知识创造能力、知识整合能力和组织知识，这四个方面之间紧密联系并互相促进（它们之间的关系将在第六章的实证研究部分进行揭示），抗风险能力对于企业作用的发挥依赖于它们的良好组合。

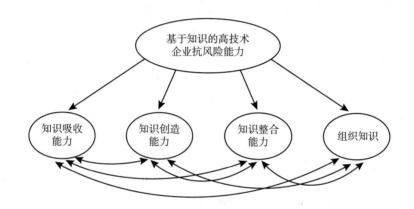

图4-4　高技术企业抗风险能力的测量模型

一　测度量表的设计

作为国际上通用的规范研究方法之一，问卷调查法也是管理学研究中广泛应用的重要实证方法。问卷设计的好坏直接影响到调研数据和研究结果的质量。由于之前鲜见基于知识的企业抗风险能力的实证研究，没有现成的量表可供借鉴，因此，本书在文献梳理的基础上，根据上一节对基于知识的高技术企业抗风险能力构成要素的分析，结合知识吸收能力、知识创造能力、知识整合能力和组织知识这四个方面的重要研究文献，归纳出当前研究中企业这四个方面的主要影响因素。在此基础上，结合高技术企业高知识、高投入、高风险、产品和技术生命周期短、较强的组

织学习能力等特征，提取出可以表征基于知识的高技术企业的抗
风险能力构成维度的测量题项。

知识吸收能力的测度：本书结合 Cohen 和 Levinthal（1990）、
Gergana Todorova（2007）和简兆权（2009）的研究观点，初步
设计了以下 8 个问题项来测度知识吸收能力：①对市场信息的感
知灵敏度高；②对新技术信息的感知灵敏度高；③能够迅速准确
辨别外部知识的价值；④能够容易地获取到行业内的前沿技术、
新技术知识；⑤能够容易地获取到当前的市场知识；⑥与利益相
关者交流频繁，能充分运用社会网络获取有用信息；⑦能快速地
理解外部知识；⑧能迅速有效地将新知识应用到相关产品或服务
上。

知识创造能力的测度：本书借鉴 Nonaka（2000）、Mireille
（2005）、Ken（2005）、朱伟民（2009）和王培林（2010）等学
者的研究，初步设计了以下 10 个问题项来测度知识创造能力：
①员工知识和技能水平高；②员工的知识和能力对其薪酬有决定
性的影响；③对有创新能力的员工给予充分的激励和奖励；④新
产品开发、技术研发成功率高；⑤企业高层对组织学习非常重
视；⑥公司文化与管理团队支持鼓励员工创新；⑦员工在工作中
敢于冒险，富有首创精神；⑧组织结构的柔性程度高；⑨组织结
构有利于员工之间交换和交流各种想法和建议；⑩允许各部门打
破正规工作程序，保证工作灵活性和动态性。

知识整合能力的测度：本书借鉴 Kogut 与 Zander（1992）、
Grant（1996）、Boer 等（1999）、Myteika（2004）、谢洪明
（2007、2008）、李贞（2010）等的研究，初步设计了以下 9 个
问题项来测度知识整合能力：①建立了一套共同分享的制度与理
念并获得了员工的认同；②公司制度要经过全体员工的共同讨论

才能实施；③本企业员工按照既定程序开展工作；④文件或流程的处理都已经高度计算机化；⑤专业知识的传播按照既定的程序进行；⑥各部门间的协调程度很高；⑦产品生产需要多方面人员的共同合作；⑧员工在工作需要时，可得到其他部门或人员的支持；⑨员工调动到新部门后所需的适应时间很短。

组织知识的测度：本研究根据 Kale 等（2000）、Inkpen 和 Dinur（1998）以及简兆权（2009）的观点，初步设计了以下 6 个问题项测度组织知识：①现有知识可以运用到多种产品和服务中去；②拥有自主知识产权的技术数量多；③产品具有较好的质量，能够满足顾客的需求；④现有产品的销售具有良好的分销渠道和网络；⑤能够为顾客提供周到、及时的售后服务；⑥销售部门的员工具有丰富的营销知识和经验。

为了提升问卷设计的严谨性，同时也考虑企业调研的困难性，初始问卷在云南财经大学的 MBA 班学员中进行了预调查。在对预测试问卷进行因子分析和信度检验时发现，知识吸收能力的第 7 个问题项相应的因子载荷小于 0.5，该题项也无法归入其他因子。经仔细分析发现第 7 个问题项 "能快速地理解外部知识" 与第 3 个问题项 "能够迅速准确辨别外部知识的价值" 存在一定的语义重复，区分度不好，在征询学术专家和企业人士意见后，认为该问题项的初始构思并不恰当，决定删除第 7 个问题项。按照相同的思路，根据预调查的结果还删除了知识创造能力测度中的第 3 和第 8 个问题项，删除了知识整合能力的第 2 和第 6 个问题项。

根据预调查的结果作了相应的修改或删除后，基于知识视角的企业抗风险能力的测度量表各变量的具体测度问题项见表 4-1。

表 4 - 1　高技术企业抗风险能力的测度量表

变　量	问题项表述
知识吸收 能力 KA	KA1 对市场信息的感知灵敏度高 KA2 对新技术信息的感知灵敏度高 KA3 能够迅速准确辨别外部知识的价值 KA4 能够容易地获取到行业内的前沿技术、新技术知识 KA5 能够容易地获取到当前的市场知识 KA6 与利益相关者交流频繁,能充分运用社会网络获取有用信息 KA7 能迅速有效地将新知识应用到相关产品或服务上
知识创造 能力 KC	KC1 员工知识和技能水平高 KC2 员工的知识和能力对其薪酬有决定性的影响 KC3 新产品开发、技术研发成功率高 KC4 企业高层对组织学习非常重视 KC5 公司文化与管理团队支持鼓励员工创新 KC6 员工在工作中敢于冒险,富有首创精神 KC7 组织结构有利于员工之间交换和交流各种想法和建议 KC8 允许各部门打破正规工作程序,保证工作灵活性和动态性
知识整合 能力 KI	KI1 建立了一套共同分享的制度与理念并获得了员工的认同 KI2 本企业员工按照既定程序开展工作 KI3 文件或流程的处理都已经高度计算机化 KI4 专业知识的传播按照既定的程序进行 KI5 产品需要多方面人员的共同合作才能完成 KI6 员工在工作需要时,可得到其他部门或人员的支持 KI7 员工调动到新部门后所需的适应时间很短
组织知识 OK	OK1 现有知识可以运用到多种产品和服务中去 OK2 拥有自主知识产权的技术数量多 OK3 产品具有较好的质量,能够满足顾客的需求 OK4 现有产品的销售具有良好的分销渠道和网络 OK5 能够为顾客提供周到、及时的售后服务 OK6 销售部门的员工具有丰富的营销知识和经验

二　统计分析方法

(一)量表的信度和效度的检验

信度是指测量的可靠性或一致性,即对于同样的对象,运用同样的观测方法得出同样观测数据的可能性。内部一致性是最为常用的信度，通常采用 Cronbach's α 系数作为检验指标，表示不同测试题项所带来测试结果的差异。潜变量的 Cronbach's α 系数越大表示误差越低，测量结果越可信。个别项目信度表示观测变量被其潜变量解释的变异量。个别项目信度越高，表示该测量项目的一致性程度越高，一般认为，当测量变量的因子载荷大于等于 0.7 时，个别项目信度达到理想水平。效度是指量表所设计的指标能够衡量出要测量的事物的真实情况的程度，也可以理解为测量的准确性和有效性。效度有多种类型，量表开发中主要是通过内容效度和建构效度来验证。内容效度用来检验衡量内容的确切性，旨在检验一个定义的内容是否都在测量中呈现。建构效度是指测量出的理论概念和特征的程度。建构效度可分为收敛效度和区别效度两种，收敛效度是检验各观测变量在所要度量的潜变量上的因子载荷是否大于 0.5，且达到显著性水平；区别效度检验潜变量的平均方差提取是否大于该潜变量与其他潜变量相关系数值的平方。验证性因子分析法是检验量表的建构效度，确保各潜变量测度指标正确性的常用方法。

本研究在量表设计过程中主要通过以下三种方式来确保样本的信度和效度。第一，所使用问卷中的题项全部来自已经发表过的文献。第二，在设计量表时尽可能结合某变量最早提出的量表以及之后学者后续研究中的修订版完成，即很多学者都曾使用这些题项测量相关变量，经过了多次实证验证。第三，通过咨询相关学术专家和企业人士，并结合在大学 MBA 班学员中进行的预调查，严格按照问卷前测流程对测量项进行了修正和完善。

（二）探索性因子分析

本研究在文献分析和调研访谈的基础上构建了基于知识的企业抗风险能力和企业竞争优势的测度量表。为了检验测度量表题项的合理性，进一步明确量表的结构，需要进行探索性因子分析（EFA）。探索性因子分析用于寻找多元观测变量的本质结构。具体操作上，本研究使用 SPSS 17.0 统计软件，采用主成分分析的因子提取方法和最大方差的旋转方法提取因子。探索性因子分析中每个测量变量的因子载荷的最低可接受值为 0.5。以因子载荷量来萃取因子，并对因子加以命名，这种因子分析带有"探索"的意义，因此，以 SPSS 进行的因子分析是一种探索性的因子分析，实际上就是对一个变量探索其所具有的因子。

在因子分析前，需先检验指标间的相关性。进行 KMO 测度和 Bartlett 球体检验，KMO 值越接近 1，表示变量间的相关性越强，原有变量越适合作因子分析。通常认为 KMO 值为 0.9 以上表示非常适合，0.8 表示适合，0.7 表示一般，0.6 表示不太适合，0.5 以下表示极不适合。

（三）验证性因子分析

为了确定探索性因子分析后的各题项与因子之间关系是否正确，需要进行验证性因子分析（CFA）。验证性因子分析就是先以因子为建构基础，来验证其是否能代表一个潜变量。CFA 与 EFA 在分析过程中所扮演的角色与检验时机都不同，EFA 所要达成的是建立量表的建构效度，CFA 主要是检验此建构效度的适切性与真实性。验证性因子分析的进行必须有特定的理论观点或概念架构作为基础。验证性因子分析是结构方程模型分析的一种特殊应用。在结构方程模型中，验证性因子分析被用于验证测量模型中一组观测变量与其潜变量之间的关系与样本数据是否拟合。事实上，结构方程模型中的一个测量模型就是一个在每一对潜变量之间有着协方差的验证性因子分析的模型，因此，对测量模型的评价也就是对该量表的验证性因子的分析。

在验证性因子分析中，需要判断相关的拟合参数，以检验该模型与样本数据的拟合程度。结构方程模型的拟合指标有多种，本研究将从绝对拟合指数、增量拟合指数及简约拟合指数三方面来衡量该测量模型的整体拟合情况。

此外，检查变量间的路径系数可以判断各变量间的关系。若与路径系数相对应的临界比（C.R.）的绝对值大于 1.96 的参考值，则说明该路径系数具有统计显著性（$p < 0.05$）。

（四）结构方程模型

本研究中企业抗风险能力是一个难以直接测度的模糊概念，而且企业抗风险能力的多个维度与企业竞争优势之间的关系复杂，因此本研究选择结构方程模型的分析方法来对企业抗风险能力与竞争优势的关系进行研究。结构方程技术能较好地体现难以测度的潜变量所蕴涵的内在本质，也能够在自变量和因变量均不能准确测量的情况下，充分揭示各潜变量之间的复杂关系。

结构方程模型（SEM）是一种包含多元回归分析、路径分析和验证性因子分析方法的统计数据分析工具。结构方程模型源于 20 世纪 70 年代学者们提出的统计理论，20 多年来，它已成为社会科学领域进行量化研究的一种重要统计方法。结构方程模型能同时处理多个变量，既能研究可观测变量，又能研究不可直接观测的潜变量。通过路径图，结构方程模型能够直观地显示观测变量与潜变量之间的结构关系，以及各潜变量之间的直接或间接作用关系。结构方程模型较好地融合了传统多元数据统计中的"因子分析"与"路径分析"方法，可同时处理测量与分析的问题，对各种测量模型或假设模型进行识别、评估和验证。

作为一种验证式的模型分析方法，结构方程模型可以利用研究者所收集的实证资料来验证潜变量与观测变量之间的一致性程度，以及潜变量之间的假设关系。结构方程模型中包含测量模型与结构模型两个基本模型。测量模型描述的是观测变量与潜变量之间的关系，即一个潜变量如何被相应的观测变量所测量或概念化。对测量模型的验证本质上就是验证性因子分析。结构模型中作为"因"的潜变量称为外因潜变量，而作为"果"的潜变量称为内因潜变量。结构方程模型分析中假设的因果模型必须建立在一定的理论基础上。一般认为，结构方程模型需要大样本的统计分析才能输出比较稳定的分析结果。

另外，和传统的统计分析方法相比，结构方程模型容许回归方程的自变量和因变量含有测量误差；允许更具弹性的模型设定；能够估计整个模型的拟合程度，并比较不同的模型对样本数据的整体拟合程度，得出更接近样本数据所呈现关系的最优模型。

结构方程模型分析主要包括以下四个步骤。

（1）模型的构建。基于相关理论研究成果，分析各变量间的关系（包括观测变量与潜变量之间的关系、各潜变量之间的关系），提出初步的概念模型，建构一个具有因果关系的路径图。

（2）模型的拟合。对建立的结构方程模型进行识别。根据所收集的数据对模型中的相关参数进行估计。本研究采用目前应用最广的极大似然法作为参数估计方法。

（3）模型的评价。评价理论模型与所收集数据之间拟合的程度。本书主要从基本拟合标准和整体模型拟合度两个方面衡量理论模型是否合适。基本拟合标准用来检测模型的误差、辨识问题或输入是否有误等，评价项目包括因素载荷量是否介于 0.5 ~ 0.95 之间、误差变异量是否没有负值、是否没有很大的标准误差。整体模型拟合度是检验整个模型与收集数据的适配程度，它又可分为绝对拟合指数、增量拟合指数及简约拟合指数。其中，绝对拟合指数包括 χ^2（卡方值）、χ^2/df（卡方对自由度的比值）、GFI（良性拟合指数）、AGFI（调整的良性拟合指数）、RMR（残差均方差）、RMSEA（近似误差均方差）等指标，增量拟合指数包括 NFI（规范拟合指数）、CFI（比较拟合指数）、IFI（增值拟合指数）、RFI（相对拟合指数）、TLI（Tucker-lewis 指数）等指标，简约拟合指数包括 PNFI（简约规范拟合指数）、PCFI（简约比较拟合指数）以及理论模型 AIC 值等指标。各指标及其判断标准如表 4 - 2 所示。一般会根据研究所采用的估计方法，选取一些具有较好稳定性的指标来评价模型的拟合优劣。

表 4 - 2　拟合指数及判断准则

拟合指数	判断准则
χ^2	要求 χ^2 不显著($p > 0.05$),模型具有良好拟合度 $\chi^2/df < 3$,则 χ^2 不显著的要求可以忽略
χ^2/df	越接近 1 越好,小于 2 模型具有良好拟合度 $2 < (\chi^2/df) < 5$,模型可以接受
GFI	越接近 1 越好,通常采用 GFI > 0.9
AGFI	越接近 1 越好,通常采用 AGFI > 0.9
RMR	越接近 0 越好,通常采用 RMR < 0.05
RMSEA	越接近 0 越好;RMSEA < 0.05,模型拟合很好; $0.05 \leqslant RMSEA \leqslant 0.08$,模型可以接受;通常采用 RMSEA < 0.1
NFI	越接近 1 越好,通常采用 NFI > 0.9
CFI	越接近 1 越好,通常采用 CFI > 0.9
IFI	越接近 1 越好,通常采用 IFI > 0.9
RFI	越接近 1 越好,通常采用 RFI > 0.9
TLI	越接近 1 越好,通常采用 TLI > 0.9
AIC	理论模型 AIC 值小于饱和模型和独立模型的 AIC 值
PNFI	通常采用 PNFI > 0.5
PCFI	通常采用 PCFI > 0.5

（4）模型的修正。模型不能与数据很好拟合时，需要对模型进行适当修正或者重新设计模型。在实际应用中，通常根据统计分析结果，决定如何增加、删除、修改模型的参数，或增列变量间的共变关系。当然在增列或删减任何参数时一定要说明其理论根据。通过修正能够提高模型的拟合程度。

三　数据收集及描述性分析结果

真实有效的数据既是实证统计分析的基础，又是获取可靠的研究结论的前提。为此，本研究对问卷的发放对象和发放方式等进行了控制，尽可能保证回收问卷的数据的真实有效。由于此次调查是通过受访者的主观评价来讨论企业的抗风险能力，因此被调查者的知识水平和对调查目的的理解程度直接影响所获得数据的真实有效性，为了确保问卷调查的数据的准确性和真实性，本调查问卷将企业中高层管理人员作为发放对象。中高层管理人员对企业基本情况的了解较为清楚和全面，能对问卷的题项进行正确判断。被调查企业主要分布在高技术企业集中的昆明经济技术开发区和昆明高新技术开发区，还有一些问卷发放给昆明理工大学和云南财经大学的 MBA 和 EMBA 班学员。在发放方式方面，充分利用各种社会关系资源，广泛采用了纸质量表和电子量表的形式进行了直接和间接的发放。第一次问卷发放从 2011 年 12 月 7 日至 2012 年 3 月 1 日，发放问卷 160 份，回收有效问卷 106 份；第二次问卷发放从 2012 年 3 月 15 日至 2012 年 4 月 15 日，发放问卷 260 份，回收有效问卷 194 份，整个问卷调查的时间历时近五个月。

从回收的有效问卷来看，本研究所调查的样本涉及电子信息技术、生物与新医药技术、新材料技术、高技术服务业、新能源及节能技术、资源与环境技术、高新技术改造传统产业等多个高技术产业中的大中小型企业，企业性质涵盖国有、民营、三资与集体各种类型。第一次调查回收问卷数据的描述性统计分析结果见表4-3，第二次调查回收问卷数据的描述性统计分析结果见表4-4。

表4-3　第一次数据收集的样本主要特征描述性
统计结果　（N=106）

特征属性	分类标准	样本数（个）	百分比（%）
主营业务所属行业	电子信息技术	27	25.5
	生物与新医药技术	21	19.8
	航空航天技术	0	0
	新材料技术	12	11.3
	高技术服务业	10	9.4
	新能源及节能技术	16	15.1
	资源与环境技术	14	13.2
	高新技术改造传统产业	6	5.7
产权性质	国有	32	30.2
	民营	49	46.2
	三资	14	13.2
	集体	0	0
	其他	11	10.4
企业员工总数	50人以下	16	15.1
	51~200人	32	30.2
	201~500人	29	27.4
	501~1000人	15	14.1
	1000人以上	14	13.2
企业资产总额	低于500万元	10	9.4
	500万~5000万元	38	35.9
	5001万~1亿元	20	18.9
	1亿~2亿元	17	16.0
	2亿元及以上	21	19.8
上年的销售额	低于500万元	8	7.6
	500万~5000万元	35	33.0
	5001万~1亿元	21	19.8
	1亿~2亿元	19	17.9
	2亿元及以上	23	21.7

特征属性	分类标准	样本数(个)	百分比(%)
开发费用占总销售额的比例	小于3%	9	8.5
	3%~5%	54	50.9
	5%~7%	31	29.3
	7%~9%	7	6.6
	10%以上	5	4.7

表4-4　第二次数据收集的样本主要特征描述性统计结果 (N=194)

特征属性	分类标准	样本数(个)	百分比(%)
主营业务所属行业	电子信息技术	42	21.7
	生物与新医药技术	31	16.0
	航空航天技术	1	0.5
	新材料技术	26	13.4
	高技术服务业	18	9.3
	新能源及节能技术	34	17.5
	资源与环境技术	27	13.9
	高新技术改造传统产业	15	7.7
产权性质	国有	66	34.0
	民营	78	40.2
	三资	38	19.6
	集体	3	1.6
	其他	9	4.6
企业员工总数	50人以下	36	18.5
	51~200人	38	19.6
	201~500人	51	26.3
	501~1000人	25	12.9
	1000人以上	44	22.7
企业资产总额	低于500万元	9	4.6
	500万~5000万元	70	35.7
	5001万~1亿元	52	26.5
	1亿~2亿元	41	20.9
	2亿元及以上	24	12.3

特征属性	分类标准	样本数（个）	百分比（%）
上年的销售额	低于 500 万元	11	5.7
	500 万～5000 万元	68	35.1
	5001 万～1 亿元	42	21.6
	1 亿～2 亿元	31	16.0
	2 亿元及以上	42	21.6
开发费用占总销售额的比例	小于 3%	56	28.9
	3%～5%	86	44.3
	5%～7%	37	19.1
	7%～9%	9	4.6
	10% 以上	6	3.1

四　探索性因子分析结果

本研究先用探索性因子分析寻求数据的基本结构，对理论分析中所设计的维度进行初步检验，主要是对问卷的初始题项进行相关性检验，然后再在此基础上做验证性因子分析。由于探索性因子分析和验证性因子分析需要使用不同的样本集进行，本研究进行了两次数据收集。探索性因子分析使用第一次问卷调查所收集的数据样本，第二次问卷调查所收集的数据样本主要用于验证性因子分析。目前学术界尚未就探索性因子分析所需的最低样本容量形成一致意见。Gorsuch（1983）认为样本量与变量数的比例应在 5∶1 以上，原则上越大越好，但在实际中 5～10 倍一般都能得到较好的结果。本研究中第一次数据收集工作回收的有效问卷达 106 份，能较好地达到探索性因子分析的样本要求。

使用 SPSS 17.0 通过主成分分析和方差最大法旋转对第一次问卷调查所收集的 106 份数据进行探索性因子分析。根据因子载荷大于 0.5 的要求提取因子,对于因子载荷低于 0.5 的题项或在多个因子上载荷大于 0.5 的交叉题项予以删除。

在进行探索性因子分析前,先检验量表指标间的相关性。基于知识的企业抗风险能力量表的 KMO 测度和 Bartlett 球体检验结果如表 4 - 5 所示,KMO 值为 0.854,符合 KMO 值大于 0.7 且 Bartlett 值显著异于 0 的要求,所以适合进一步做因子分析。

表 4 - 5　企业抗风险能力的 KMO 测度和 Bartlett 球体检验结果 (N = 106)

Kaiser-Meyer-Olkin Measure of Sampling Adequacy.		0.854
Bartlett's Test of Sphericity	Approx. Chi-Square	2395.912
	df	378
	Sig.	.000

然后对此样本集进行探索性因子分析。采用主成分分析法,根据特征根大于 1、因子载荷大于 0.5 的要求提取因子,旋转方法为最大方差法。旋转矩阵见表 4 - 6,因子分析结果见表 4 - 7。

表 4 - 6　企业抗风险能力量表的旋转矩阵 (N = 106)

Comp-onent	Initial Eigenvalues			Extraction Sums of Squared Loadings			Rotation Sums of Squared Loadings		
	Total	% of Variance	Cumul-ative%	Total	% of Variance	Cumul-ative%	Total	% of Variance	Cumul-ative%
1	11.571	41.324	41.324	11.571	41.324	41.324	5.675	20.268	20.268
2	3.180	11.357	52.681	3.180	11.357	52.681	4.797	17.134	37.402
3	2.227	7.954	60.635	2.227	7.954	60.635	4.231	15.111	52.513
4	1.777	6.347	66.982	1.777	6.347	66.982	4.051	14.469	66.982

表4-7 企业抗风险能力的探索性因子分析结果

(N=106)

题项	均值	标准差	因子			
			1	2	3	4
KA1	5.59	0.826	.633	.250	.016	.209
KA2	5.31	0.888	.738	.117	.261	-.057
KA3	5.37	0.785	.647	.023	.447	.090
KA4	5.14	0.941	.766	.161	-.076	.282
KA5	5.51	0.759	.690	.163	.276	.219
KA6	5.58	0.839	.798	.073	-.093	.265
KA7	5.32	0.900	.661	.195	.400	.167
KC1	5.14	0.961	.112	.760	.311	.151
KC2	5.34	0.985	.306	.682	.208	.353
KC3	5.43	1.121	.142	.766	.285	.114
KC4	4.92	0.852	.270	.775	.097	.114
KC5	5.13	0.957	.125	.832	.161	.118
KC6	5.25	0.954	.104	.786	.330	.174
KC7	5.02	0.985	.086	.772	.295	.034
KC8	5.16	0.841	.064	.693	.387	.125
KI1	5.42	0.791	.206	.360	.672	.032
KI2	5.43	0.986	.108	.191	.672	.265
KI3	5.64	1.114	.141	.165	.730	.166
KI4	5.85	1.067	.121	.370	.722	.190
KI5	5.48	0.948	.100	.310	.772	.155
KI6	5.58	1.041	.138	.366	.669	.254
KI7	5.58	0.803	.065	.425	.696	.250
OK1	5.58	0.803	.230	.164	.164	.651
OK2	5.72	0.790	.067	.032	.189	.851
OK3	5.76	0.775	.189	.079	.149	.698
OK4	5.76	0.750	.253	.098	.093	.815
OK5	5.67	0.700	.072	.206	.290	.749
OK6	5.63	0.820	.174	.243	.126	.755

　　由于在开展企业问卷调查之前广泛借鉴和参考了其他学者验证过的相关测试题项，并根据在大学 MBA 班学员中进行的规范性问卷前测结果进行了修改，探索性因子分析结果如表 4-7 所示。各个题项在单一维度上的因子载荷都大于 0.5，各题项在所属因子上的载荷量与在其他因子上的载荷量差距大于 0.3，说明量表具有良好的收敛效度和单维度性，而且，每个题项没有同时在多个维度间具有较高的因子载荷，表示具有一定的区别效度。最后参考各因子载荷量进行了因子命名。7 个题项收敛于因子 1（知识吸收能力），8 个题项收敛于因子 2（知识创造能力），7 个题项收敛于因子 3（知识整合能力），6 个题项收敛于因子 4（组织知识）。四个因子的累积解释变异程度为 66.98%，超过了因子累积解释变异量 60% 以上的要求。

　　然后通过计算基于知识的抗风险能力的四个构成变量的题项 - 总体相关系数（CITC），以及每个变量的一致性指数（Cronbach's α），验证样本数据各观测变量之间的内部一致性，以评价基于知识的企业抗风险能力测度量表的信度。题项 - 总体相关系数主要用来检验每一个题项与其所在的维度是否相关，并且在样本中，这种相关性是否具有理论意义。样本数据通过信度检验的最低临界值为 CITC 大于 0.35，Cronbach's α 系数大于 0.70。观测删除每一个题项后 Cronbach's α 的变化情况，以确定是否可以通过删除某些题项来提高整体信度。结果如表 4-8 所示，所有的 CITC 均大于 0.35，且四个变量的 Cronbach's α 系数值分别为 0.878、0.935、0.912 和 0.890，均大于所要求的临界值 0.7，并且删除其他任何一个题项均会降低 Cronbach's α 系数，可见各题项之间具有较好的内部一致性，证明了理论归纳出的维度与概念性维度符合。

表 4 - 8　企业抗风险能力的探索性因子分析样本的信度
检验（N = 106）

题项	题项 - 总体相关系数 （CITC）	删除该题项后 Cronbach's α	Cronbach's α
KA1	0.600	0.868	
KA2	0.651	0.862	
KA3	0.628	0.864	
KA4	0.682	0.858	0.878
KA5	0.687	0.858	
KA6	0.680	0.858	
KA7	0.705	0.854	
KC1	0.783	0.925	
KC2	0.759	0.927	
KC3	0.779	0.927	
KC4	0.738	0.929	
KC5	0.807	0.924	0.935
KC6	0.835	0.922	
KC7	0.752	0.928	
KC8	0.741	0.929	
KI1	0.697	0.903	
KI2	0.681	0.906	
KI3	0.698	0.903	
KI4	0.752	0.898	0.912
KI5	0.778	0.894	
KI6	0.745	0.898	
KI7	0.805	0.891	
OK1	0.641	0.882	
OK2	0.761	0.862	
OK3	0.650	0.880	
OK4	0.788	0.858	0.890
OK5	0.720	0.870	
OK6	0.700	0.873	

五　验证性因子分析结果

在完成了探索性因子分析之后，为确保所测变量的因子结构与先前的构思相符，需进一步做验证性因子分析。验证性因子分析被用来验证或确认经过探索性因子分析所提取出的因子是否可代表所要测量的变量。验证性因子分析采用的样本为第二次数据收集工作所回收的 194 份有效问卷。Ding 等（1995）的研究认为使用极大似然法对结构方程模型进行估计的样本容量至少要在 100 ~ 150 之间，因此本研究较好地达到了样本容量要求。另外使用极大似然法对结构方程模型进行估计时要求样本数据符合正态分布。Ghiselli 等（1981）认为，数据满足中值与中位数相近、偏度（skew）小于 2、峰度（kurtosis）小于 5 时，即可认为其符合正态分布。通过使用 SPSS 17.0 对本研究的偏度和峰度进行分析，偏度和峰度值都小于 1，结果显示样本数据服从正态分布。

在进行验证性因子分析之前，首先还要对用于验证性因子分析的样本集的量表进行信度检验。方法仍然是计算各题项的 CITC 值，并计算每个变量的 Cronbach's α 值。结果如表 4 - 9 所示，所有题项的 CITC 值都大于 0.35，同时四个变量的 Cronbach's α 值均满足前文所述信度检验指标要求，因此基于知识的企业抗风险能力验证性因子分析样本通过了信度检验。

表 4 - 9　企业抗风险能力的验证性因子分析样本的信度检验（N = 194）

题项	均值	标准差	题项 - 总体相关系数（CITC）	删除该题项后 Cronbach's α	Cronbach's α
KA1	5.17	1.076	0.693	0.903	
KA2	4.93	1.084	0.702	0.902	
KA3	5.00	1.033	0.743	0.898	
KA4	4.87	1.091	0.680	0.905	0.912
KA5	5.11	1.119	0.790	0.893	
KA6	5.02	1.174	0.744	0.898	
KA7	5.04	1.091	0.784	0.894	

题项	均值	标准差	题项－总体相关系数（CITC）	删除该题项后Cronbach's α	Cronbach's α
KC1	4.6	1.157	0.787	0.941	
KC2	4.69	1.128	0.785	0.941	
KC3	4.78	1.232	0.784	0.941	
KC4	4.46	1.179	0.844	0.937	0.947
KC5	4.56	1.151	0.818	0.939	
KC6	4.59	1.163	0.841	0.937	
KC7	4.46	1.209	0.809	0.939	
KC8	4.53	1.235	0.774	0.942	
KI1	5.08	1.129	0.700	0.906	
KI2	5.01	1.084	0.722	0.904	
KI3	5.19	1.041	0.788	0.898	
KI4	5.21	1.195	0.784	0.897	0.915
KI5	5.24	1.080	0.667	0.910	
KI6	5.09	1.125	0.744	0.902	
KI7	5.17	1.118	0.777	0.898	
OK1	5.17	1.164	0.743	0.897	
OK2	5.32	1.126	0.782	0.892	
OK3	5.44	1.151	0.736	0.898	0.912
OK4	5.38	1.178	0.824	0.885	
OK5	5.44	1.091	0.729	0.899	
OK6	5.34	1.164	0.703	0.903	

潜变量的建构信度是模型内在质量的判断标准之一。若潜变量的建构信度大于0.6，则表示模型的内在质量很好。和建构信度类似的另一个指标是平均方差提取，平均方差提取越大，表示指标变量可解释潜变量的程度越高。一般而言，若潜变量的平均方差提取大于0.5，则表示模型的内部质量很好。表4－10中结果显示，基于知识的企业抗风险能力各潜变量的建构信度均大于0.6，平均方差提取均大于0.5，模型的内部质量很好。

表 4-10 建构信度与平均方差提取

潜变量	观察变量	标准化权重	建构信度大于0.6	平均方差提取大于0.5
KA——>	KA1	0.718	0.912726	0.600203
	KA2	0.732		
	KA3	0.793		
	KA4	0.702		
	KA5	0.841		
	KA6	0.777		
	KA7	0.847		
KC——>	KC1	0.810	0.946982	0.690888
	KC2	0.814		
	KC3	0.804		
	KC4	0.876		
	KC5	0.839		
	KC6	0.871		
	KC7	0.829		
	KC8	0.803		
OK——>	OK1	0.793	0.912719	0.635997
	OK2	0.837		
	OK3	0.758		
	OK4	0.860		
	OK5	0.780		
	OK6	0.751		
KI——>	KI1	0.747	0.915755	0.609072
	KI2	0.760		
	KI3	0.813		
	KI4	0.833		
	KI5	0.695		
	KI6	0.789		
	KI7	0.817		

接下来对基于知识的企业抗风险能力进行验证性因子分析。将数据导入 AMOS 软件，对基于知识的企业抗风险能力的验证性因子分析测量模型及拟合结果分别如图 4-5、表 4-11 和表 4-12 所示。

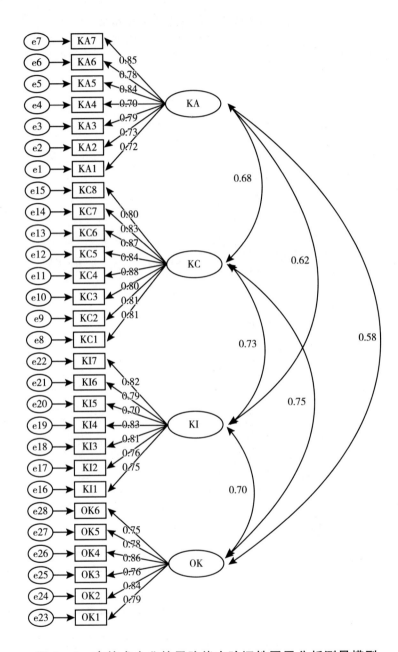

图 4 - 5　高技术企业抗风险能力验证性因子分析测量模型

表 4 – 11　企业抗风险能力测量模型拟合检验情况

（ N = 194 ）

路　　　径			路径系数	标准化路径系数	C. R.	p
KA1	< ——	KA	1	0.718		
KA2	< ——	KA	1.027	0.732	9.857	***
KA3	< ——	KA	1.061	0.793	10.698	***
KA4	< ——	KA	0.991	0.702	9.451	***
KA5	< ——	KA	1.217	0.841	11.338	***
KA6	< ——	KA	1.180	0.777	10.472	***
KA7	< ——	KA	1.196	0.847	11.423	***
KC1	< ——	KC	1	0.810		
KC2	< ——	KC	0.980	0.814	13.275	***
KC3	< ——	KC	1.057	0.804	13.041	***
KC4	< ——	KC	1.101	0.876	14.788	***
KC5	< ——	KC	1.030	0.839	13.857	***
KC6	< ——	KC	1.081	0.871	14.678	***
KC7	< ——	KC	1.069	0.829	13.615	***
KC8	< ——	KC	1.058	0.803	13.009	***
KI1	< ——	KI	1	0.747		
KI2	< ——	KI	0.977	0.760	10.746	***
KI3	< ——	KI	1.003	0.813	11.584	***
KI4	< ——	KI	1.181	0.833	11.919	***
KI5	< ——	KI	0.890	0.695	9.747	***
KI6	< ——	KI	1.052	0.789	11.204	***
KI7	< ——	KI	1.083	0.817	11.650	***
OK1	< ——	OK	1	0.793		
OK2	< ——	OK	1.022	0.837	13.029	***
OK3	< ——	OK	0.947	0.758	11.461	***
OK4	< ——	OK	1.098	0.860	13.504	***
OK5	< ——	OK	0.923	0.780	11.879	***
OK6	< ——	OK	0.948	0.751	11.319	***
KA	< —— >	KC	0.652	0.675	6.818	***
KA	< —— >	KI	0.573	0.615	6.284	***
KA	< —— >	OK	0.553	0.583	6.121	***
KC	< —— >	KI	0.748	0.732	7.124	***
KI	< —— >	OK	0.703	0.700	6.853	***
KC	< —— >	OK	0.781	0.751	7.319	***

注：*** 表示显著性水平 p < 0.001。

表 4-12 企业抗风险能力测量模型的拟合指标数值

拟合指标	数　值	判断准则
χ^2	647.619	χ^2 不显著($p > 0.05$),模型具有良好拟合度 $\chi^2/df < 3$,则 χ^2 不显著的要求可以忽略
df	344	
p	.000	< 0.05,较差
χ^2/df	1.883	$1 < (\chi^2/df) < 2$,显示拟合良好
IFI	0.928	> 0.9,显示拟合良好
TLI	0.921	> 0.9,显示拟合良好
CFI	0.928	> 0.9,显示拟合良好
RMSEA	0.068	< 0.08,表示模型合理适配

从表 4-11 中可看出,各路径系数均在 $p < 0.001$ 的水平上具有统计显著性。从表 4-12 中所列的拟合指标及判断准则可以看出,尽管 p 值低于 0.05,但当 $\chi^2/df < 3$ 时,则 χ^2 不显著的要求可以忽略。本模型中 χ^2/df 为 1.883,远小于 3,可以判断为拟合很好,而且其他各项拟合指标也显示该模型拟合效果良好,图 4-5 所示的因子结构通过了验证,即本研究对知识吸收能力、知识创造能力、知识整合能力和组织知识四个企业抗风险能力变量的划分与测度是有效的。所得到的实证结果验证了本研究对基于知识的企业抗风险能力的构成要素的理论判断。基于知识的企业抗风险能力的测度量表开发成功。

第三节　本章小结

本章从知识的视角将高技术企业抗风险能力的构成要素划分为知识吸收能力、知识创造能力、知识整合能力和组织知识。基于知识的视角探讨企业的抗风险能力,能够使得抗风险能力的内涵更为明确、外延更加清晰。在该研究视角下，由各种难以捉摸的资源、能力或过程构成的企业抗风险能力这个抽象含糊的概念转变为组织知识以及对知识的吸收、创造和整合的具体活动，显著地提高了研究的可观测性和可操作性，并兼顾了企业在动态环境中抵御风险必须具备的刚性和柔性。本章还设计了包含知识吸收能力、知识创造能力、知识整合能力和组织知识四个维度的高技术企业抗风险能力的测度量表。为了顺利开展实证研究，根据在大学 MBA 班学员中预调查的结果对问卷中的题项做了相应的修改。通过发放问卷调查表，收集了来自高技术企业的实证数据。由于探索性因子分析和验证性因子分析要求使用不同的样本集，本研究针对高技术企业进行了两次调查问卷的发放，第一次收回有效问卷 106 份，第二次收回有效问卷 194 份。为了检验测度量表题项的合理性，进一步明确测度量表的基本结构，利用第一次问卷调查所收集的 106 个样本，开展了探索性因子分析和信度分析。由于之前规范的量表设计和预调研环节，探索性因子分析的结果显示各潜变量的测量题项均按预期归入了相应的因子。信度分析的结果显示各测量题项之间具有较好的内部一致性。利用第二次问卷调查所收集的 194 个样本，运用结构方程技术进行验证性因子分析。测量模型的拟合结果表明，因子结构通过了验证。实证结果验证了本研究对基于知识的高技术企业抗风险能力的构成划分与测度是有效的。该测量模型的成功开发不仅为探索企业抗风险能力背后的知识和具体的能力提供了一个新的视角，而且开阔了企业能力研究的理论视野。

第五章 基于知识的高技术企业 抗风险能力的演化

企业自诞生之日起，就具备了一定的抵御风险的能力，但在动态的环境中，静态和低层次的企业抗风险能力无法为企业带来竞争优势。对企业抗风险能力的认识更需要注重维持和发展，也就是企业抗风险能力的演化问题。基于知识的企业抗风险能力的发展演化是一个复杂的过程，其结果将直接影响高技术企业的竞争优势，因此有必要对企业抗风险能力的演化过程进行研究。本章将首先分析高技术企业知识的主要形式和高技术企业风险的变化情况，然后重点分析基于知识的高技术企业抗风险能力的演化过程，探讨演化过程的推动因素，并且结合理论观点对昆明船舶设备集团有限公司进行典型案例研究。

第一节 高技术企业知识的主要形式

一 显性知识和隐性知识

Polanyi 从认识论的角度将知识分为显性知识和隐性知识。显性知识以标志的形式存在，可以被准确地加以描述，是能被编码和记录的知识，因而转移成本较低。隐性知识来源于经验，以非语言的形式存在，拥有者很难给另外的个体提供明确的描述，隐性知识仅能在应用中被体现因而难以转移。隐性知识是一种技巧性的、由情境决定的潜意识的理解和运用，其主要的表现形式为直觉、见解、判断、诀窍、心智模式、惯例和信念，也可表现为企业文化、团队的默契、融洽和协同等。按照 Polanyi 的观点，能用文字或数字表示的隐性知识相对于知识的整体来说仅如"冰山一角"，大量的知识隐藏在下面等待人们去开发利用。虽然隐性知识不是直接外化的，但可以通过在学习上的投资转化为显性知识。隐性知识常被认为是企业能力不可模仿的来源。

高技术企业是知识密集型的经济实体，知识中包括专利、技术文档、制度、工作流程和组织结构等可用文字表达和易于传播的显性知识，也有蕴藏在员工、团队、企业内的不易表达、传播的隐性知识，通常这类知识与个人的经验、技能、认知和情感等因素有关，具有高度的因果模糊性和难以模仿性，是企业抵御风险和创造竞争力的根本。

二　特殊性知识、整合性知识和配置性知识

Nielsen 按知识在企业能力中的作用将知识分为特殊性知识、整合性知识以及配置性知识。特殊性知识是指企业所具有的关于某个领域的知识，它表现为清楚的文字形式，存在于企业的内部与外部；整合性知识是指能够将许多领域的特殊性知识整合起来的知识；配置性知识是指开采、使用特殊性知识及整合性知识以创造商业价值的知识。整合性知识与配置性知识都以缄默的形式存在于企业内部，并只能在企业内部扩散与分享。

高技术企业中既有其经营的专业领域内的特殊性知识，如行

业技术或科学原理，也有整合性知识和配置性知识。整合性知识和配置性知识更不易被模仿和复制。

三 个人知识和组织知识

知识按其载体可分为个人知识和组织知识。个人知识是指企业中的员工个人在长期学习、生活、工作等方面所积累的知识，主要存在于个体的头脑中。组织知识也称为共有知识，是指员工加入某企业后，在完成企业的任务中学到的知识，包括管理性知识、制度性知识以及技术性知识。组织知识是通过技术、技巧和人们之间的相互作用形成的知识，它来源于个人知识又超越个人知识，为组织所特有。组织知识是在特定的环境中组织成员共同解决问题的过程中形成的，具有路径依赖性。由于知识的共享性，个人知识和组织知识是共生和相互促进的，丰富的个人知识可以促进组织知识的内容更加丰富和结构更加完善；而组织知识的积累和发展，也可以推动个人知识的增加。个人知识和组织知识都是企业抵御风险的基础，但相对而言，固化于企业内部不易流动、难以复制的组织知识对于企业抵御风险的作用更为重要。

四 核心知识、优势知识和冗余知识

按知识在企业中的作用可将高技术企业知识划分为核心知识、优势知识和冗余知识，它们在企业能力的形成、发展与演化过程中，相互联系、相互影响并发生相互转化。

核心知识主要是指高技术企业中的具有前沿性和先进性的技术知识要素。核心知识对企业能力的形成和提升具有根本性的影响。核心知识的增加或减少，将显著地影响企业的生存状态，对于高技术企业的系统稳定性具有重要的核心作用。高技术企业的

界定就是根据其所属产业的技术特性来划分。尽管目前对于高技术产业的内涵和外延还没有形成共识，但是人们对高技术产业高技术性的本质特征已经形成了共识。与其他知识相比，技术性知识在高技术企业的生存和发展过程中起着核心的作用。

优势知识是对高技术企业能力形成和提升具有明显控制作用的非技术性知识，这些知识影响着企业组织的运行与发展。优势知识一般存在于企业的决策、组织、激励和文化等方面。优势知识对于核心知识的生成与发展具有价值评估的功能，从而帮助企业对核心知识的取舍和运用程度作出选择，影响和调节着高技术企业的能力。

冗余知识是企业中闲置知识的总和。Nonaka 和 Takeuchi 对冗余知识的定义是现有的但不是当前企业运作所需要的知识。冗余知识的存在对高技术企业有双重效应，冗余知识的存在能起到保险和缓冲的作用，不仅有助于提升高技术企业抵御内外部各种风险的能力，而且也能够为企业进一步的发展提供基础；但是冗余知识资源的存在会降低高技术企业的内在运行效率，增加成本，甚至降低收益。

由于知识的复杂性和不确定性，以上三类知识相互之间可以转变。在某时期内的冗余知识可能在新环境中变为优势知识或核心知识，优势知识或核心知识出现多余和闲置时也可能变为冗余知识。

五　技术知识、市场知识和组织知识

按知识在企业生产经营活动中的作用，可以将知识分为技术知识、市场知识和组织知识。技术知识是指企业所拥有的科学或技术。技术知识是高技术企业赖以生存的基础。一般来说，技术知识又可分为工具技术知识和技术诀窍知识。工具技术知识就是指人们常说的工艺技术，是具有物质表象的工具和机器，因为其具有有形性的特征，所以可以与使用者分离而独立存在，是一种显性知识。技术诀窍知识是指在解决问题和达到所期望的目标时可以使用的智力技巧或方法，这类知识存在于使用者的大脑中，因为其具有非物质性，所以不能与所有者相分离，是一种情境依赖的隐性知识。市场知识是企业有关其目标顾客、竞争对手的相关认知性信息，企业的利润必须通过市场才能实现，市场知识也为企业适应不断变化的外部环境提供了可能性。组织知识是企业为确保其目标的实现，协调与整合内部各种活动，处理企业中人与人、群体与群体之间关系的综合性制度能力体系，它常常嵌于企业内部。

第二节　高技术企业风险的变化

在分析高技术企业抗风险能力的演化之前，我们先分析一下高技术企业风险的变化过程。高技术企业风险可能伴随着高技术新产品的开发过程而变化，也可能伴随着企业的生命周期而变化。

一　伴随新产品开发过程的变化

高技术行业的技术淘汰速度快，产品生命周期较短。不同于传统行业立足于成熟的技术和稳定的产品，通过不断降低成本和改善质量等方式来提高企业竞争力，高技术企业注重的是以不断推出新技术、新产品的运作来提升企业的绩效和竞争力。创新不仅是高技术企业的基本特征，也是其获取利润的关键。但创新作为一项探索性工作，其行为与结果之间的因果关系模糊所导致的不确定性使高技术企业的整体风险高于传统企业。而伴随着高技术企业技术创新的发展和新产品的开发，影响企业的风险因素不断变化，企业风险也随之变化。

高技术企业新产品的开发通常可以分为六个阶段，即需求捕捉与概念形成、新产品开发决策、计划与准备、开发与测试、试产、大规模商品化生产。市场知识和技术知识是各阶段企业决策的主要依据，但每个阶段所需要的知识又各有侧重，如需求捕捉与概念形成阶段和新产品开发决策阶段主要依靠市场信息和企业的技术信息；计划与准备、开发与测试、试产阶段则重点依赖企业员工个人技术知识发挥主导作用；在产品成功进入市场的大规模商品化生产阶段，员工个人的技术、知识逐渐转化企业的组织知识，市场知识与企业的技术知识发挥重要作用。

风险源于不确定性。如果按新产品的技术成熟度和市场成熟度划分，可将高技术企业的新产品分为成熟产品和不成熟产品。成熟产品指利用企业成熟的技术针对明确的目标市场所开发的新产品，不成熟产品主要指在市场或技术尚不成熟的条件下所开发的新产品。在高技术企业新产品开发的各阶段，不同成熟度的产品的不确定程度降低的情况不同，其变化曲线如图 5 - 1 所示。

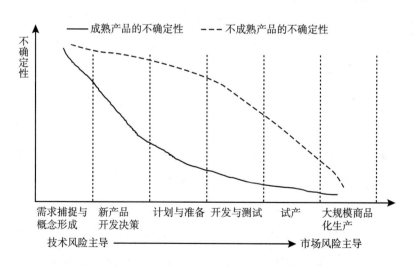

图 5 - 1　高技术企业风险伴随新产品开发过程的变化

从图 5-1 中可以看出，对于成熟度高的产品，从第一到第三阶段，不确定性下降显著。因为成熟产品主要是基于明确的市场需求与企业成熟的技术开发的，产品开发的总体设计方案在产品开发决策与计划准备阶段就已基本定型，产品开发的结果以及企业经营目标的实现情况都可以较为清晰地预测到，因而开发后期不确定性较低。但对于成熟度低的产品，通常存在市场或技术不成熟的情况，则需要通过开发与测试过程才能逐步明晰产品的开发结果，并且只有在新产品上市之后才可能逐步确定经营目标的实现情况。

通过上述对新产品开发不同阶段的知识与不确定性特征的分析，可以发现在新产品开发的计划与准备、开发与测试阶段，成熟产品和不成熟产品的不确定性差异最大。成熟产品在计划与准备阶段基本明确了新产品开发的目标与结果，不成熟产品要通过开发与测试过程逐步明确开发结果。开发与测试阶段主要受到企业员工个人知识技能的影响，所以，不成熟产品主要受到技术人员个人技术能力的影响，企业的主要风险集中归结于技术风险，而成熟产品的技术风险相对降低。技术创新不仅是一项技术行为，更是一种商业行为，高技术企业的技术创新必须符合市场的需求。为了获取相应的经济回报，高技术企业对新产品开发的大量投入主要集中在开发与测试阶段至成功大规模商品化生产阶段。而高技术产品面对的是复杂多变的市场环境，在新产品开发的后期，虽然技术的不确定性下降了，但由于后期投入的增加，市场的不确定性成为主要影响。

一般而言，成熟产品与不成熟产品获取竞争优势的方式不同。成熟度低的新兴产品主要通过技术上的改进，不断推出新设计、新功能吸引消费者，技术风险是成熟度低的新兴产品发展中面临的主要风险；而伴随着新兴产品由不成熟转向成熟，竞争也将转向依靠质量、成本与个性化等方面的优势取胜，市场风险成为主导。

因此，可以认为伴随着新产品的开发进程，员工个人的知识技能对产品开发和企业发展的影响逐渐降低，高技术企业的风险从以技术风险为主转向以市场风险为主。

二　伴随企业生命周期的变化

受高技术特征的影响，高技术企业的生命周期特征较为明显。不同的生命周期阶段，企业面临的主要风险不同。

（一）企业初创期

高技术企业的创立者通常是一些特殊的知识工作者，他们除了具有企业家的胆识外，一般还拥有某项技术知识（如发明、专利）。初创期，企业的某一项高技术或高技术产品正处于酝酿阶段或初具雏形，但这些技术能否成为企业未来的核心技术还处于模糊状态。由于技术和市场的不确定性，新生企业常常因竞争力不足而面临较大的风险。知识不足是引发风险的主要原因。由于知识和经验的欠缺，企业缺乏对外部环境和自身经营活动的掌握，技术是否具有足够的创新性、新产品能否被市场接纳等问题都没有确切的答案。大部分企业在初创期的决策和行动是一次次的试错过程，企业的交易成本也会相应增加。

初创期的企业规模较小，基于核心技术的主导产品还未定型，外部社会网络尚不完善，产品市场推广极其缓慢，企业此阶段的主要任务是获取生存机会。有关未来技术的发展方向、市场需求、政策调整风险等信息和知识的获取和积累有利于企业抵御风险，成功度过初创期。

（二）企业成长期

成功度过初创期的企业建立了明确的目标和方向，成长期是企业发展速度最快的阶段。在成长期，企业销售量增长迅速，规模效益开始显现，市场份额扩大，盈利大幅增加，核心能力初步形成。但成长期的企业资金需求量较大，核心能力尚不强，比较单一化，不具备支持多样化生产的能力。成长期也是企业内外部风险多发的阶段。一方面，企业会面临来自外部的巨大的竞争风险，因为迅速成长的企业往往会受竞争对手的格外关注，竞争对手常常会采用降低价格、垄断中间商等方式来设置障碍，阻碍企业的进一步发展。而成长期的企业由于自身技术或市场尚不成熟，应对竞争的能力并不强。另一方面，由初创成功所带来的对成就感的迫切追求常常会使得决策者面临较大的决策风险。有的企业在自我积累不足的情况下，大量投资以期迅速提高产量、扩大市场占有率、提高知名度，甚至盲目多元化，而这些势必加大企业的财务风险，最终导致决策失败。

（三）企业成熟期

成熟期的企业进入了一种相对稳定的状态，企业的软硬件建设已趋向成熟，尤其是核心能力不断增强，企业的发展速度虽然仍可能较快，但一般不会再以递增的速度发展了。此时企业通常有成熟的技术和产品、稳定的市场份额、清晰的层级和分工、健全的组织制度，以及颇具特色的企业文化，在这个阶段，企业生存已不是主要问题。但在这一时期，创造力和冒险精神减退，组织结构官僚化、守成和惰性思想所带来的组织风险和管理风险开始显现。

在成长过程中，企业不断积累与开发的新知识和新能力支撑企业进入成熟期。然而，很多高技术产品的生命周期很短，对技术的不断创新成为高技术企业保持竞争优势和延续企业生命周期的关键。处在成熟期的企业如果不能积极促进新业务的萌生，为启动新的产品或技术生命周期提供机会，并注意选择合适的时机淘汰原有的能力，在前一个竞争优势衰退之前开发新的竞争优势的话，就可能遭受损失，甚至被淘汰。

（四）企业衰退期

不幸进入衰退期的企业通常是由于不能适应环境的变化，管理效率低下，企业业绩下滑甚至亏损严重，技术和产品濒临淘汰。此时的企业面临巨大的生存压力，企业必须正确分析走向衰败的原因，是行业技术更新换代还是企业自身经营不善的问题，判断企业是应该在原有行业中重新振兴，还是培育企业新的增长点。

第三节　高技术企业抗风险能力的演化过程

演化的概念源于生物学研究。借鉴生物进化论的遗传—变异—自然选择的思想，Nelson 和 Winter 创立了经济变迁的演化理论。20 世纪 80 年代以来，生物学研究中的演化思想被广泛借鉴到社会经济领域，泛指长期和渐进的发展变化过程。演化所产生的变化可能是暂时的，也可能是长期的。但演化的结果是稳定的，且具有不可逆性、记忆性和遗传性。

国内学者董俊武等（2004）从组织知识的角度提出，企业动态能力的演化过程实际上是组织知识的演化过程。企业抗风险能力也是一种动态能力。为了识别环境中的风险，企业需要不断地获取知识，而为了评估和处理风险，企业需要不断地提取自身储备的知识。因此，企业抵御风险的过程实质上是企业将新获取的知识与储备的知识相结合，即通过增量知识激活存量知识的过程。当遇到风险时，企业会努力通过各种渠道获取有用的知识以寻找解决方案，包括吸收新知识和激活已积累的知识，并对这些知识进行加工处理。而在这个利用知识应对风险的过程中，企业和个人抵御风险的知识和能力也随之增长。当企业又遇到类似的风险或遇到新的问题时，原先积累的知识和经验就会被再次运用到问题中去。同时，在解决的过程中，又开始了新的积累过程，如此往复，企业和个人的知识不断得到积累和更新，企业的抗风险能力也不断发展。因此在动态多变的环境中，企业通过不断地获取和积累知识，抵御风险，取得赖以生存的竞争优势和发展能力，以适应当前环境的变化和把握未来发展的机会。企业抗风险能力的演化过程实际上是企业知识演化的过程。

从知识的视角分析演化的问题早有先例，如 Nelson 和 Winter（1982）在经济变迁的演化理论中强调了知识在组织变迁中的重要性，并尝试从动态演化的角度解释经济变迁。Nelson 和 Winter 认为企业既能创造知识，又具有储存知识的功能，是一个储存知识的蓄水池。Nonaka 和 Takeuchi（1995）认为组织知识创造的起点是组织中的个人隐性知识，知识创造的关键是个人隐性知识向组织显性知识的转化，组织中知识的演化表现为社会化—外部化—综合化—内部化四个阶段组成的不断螺旋式上升的复杂动态过程。Carlile 和 Rebentish（2003）的研究认为在企业经营过程中组织知识是以储存、再获取与转变这三种方式进行循环往复的运动。潘安成（2006）认为在企业持续成长过程中，知识获取、利用和基于利用过程的知识再发展是组织知识演化的三个阶段。

从生物学的角度看，物种的演化过程主要涉及遗传、变异和自然选择三个阶段。遗传即保存那些赋予生命竞争优势的机制，并传给后代；变异导致了新的基因的产生；自然选择是个体根据环境变化的要求进行筛选，剔除不利的变异，保留有益的变异。基于对这些概念的抽象和延伸，有学者认为组织演化机制为变异、选择和保留。变异、选择和保留的思路也成为企业能力演化研究的理论基础。国内学者董俊武等（2004）在 Zollo 和 Winter（2002）的模型基础上，提出了动态能力演化的知识模型，认为企业动态能力的演化主要是通过变异、内部选择、传播和保持四个阶段循环进行。

能力的本质是一种操作资源的知识集合。虽然现有一些文献从知识演化的角度来分析企业能力的演化过程，但关于能力的知识具有无形性和抽象性，需要一种载体更加直观和具体地阐明能力的演化过程。企业惯例作为企业知识、习惯和技巧的载体，是在企业与其赖以生存的环境之间的长期博弈过程中逐渐形成的。Nelson 和 Winter 的演化理论认为惯例是企业知识的外在表现，正是企业在技术、组织和管理等各方面所积累的与众不同的惯例成就了企业的异质性。组织中的成员会通过其技能和惯例性的组织活动对环境的复杂性和不确定性做出相应的反应。目前对于惯例还没有一个公认的概念界定，Nelson R.（1982）认为惯例是一种程序模式，Herbert A.（1955）认为惯例就是习惯。但是，还有学者（Nelson R., 1982; Miner A., 1994; Cohen M. D., 1996）认为，惯例起着基因在生物演化理论中所起的作用，惯例就是企业的基因，是一切复制、变异和保持。这种基础观点已经被广泛接受。Feldman Martha S.（2000）的研究表明惯例与组织的技术、结构、创新，以及决策制定都有关系。

企业抗风险能力是企业敏锐地感知环境的变化，并利用组织知识快速地应对风险的能力，其取决于企业在发展过程中不断形成和积累的知识和技能等，尤其是隐性知识。惯例是企业经过试错性学习，对过去的行为方式选择和维持的结果。惯例帮助企业保存知识、技能，其形成反映了企业的经验性智慧。惯例储存了企业积累的以隐性知识为主的多种知识，也正是隐形知识的存在增加了惯例识别、模仿和复制的难度。在发展过程中，企业不断搜寻好的惯例、审视现有惯例，并根据环境变化，选择、剔除、保持或创新惯例，企业惯例指导了企业应对外界变化的行为。惯例的概念是 Nelson 和 Winter 演化理论的核心，他们认为企业的行为可以由他们使用的惯例来解释，惯例是解释企业能力演化的重要工具。惯例是企业关于过去决策的结果、对环境的反应和经验等知识的一种内隐性的储存，也是企业抵御风险能力演化的基础。Becker M. C. 等学者（2005）认为惯例在减少不确定性中发挥了重要的作用。因此，本书将惯例作为知识的载体，结合 Zollo 和 Winter（2002）提出的知识演化模型，并借鉴董俊武等（2004）提出的基于知识的动态能力演化过程的理论观点，认为基于知识的企业抗风险能力的演化过程包括感知、变异、选择、复制和保持五个阶段。

一　感知

任何系统的演化都受到环境变化的影响。抗风险能力的演化常常发生于外部风险因素（如科技的进步、规制的改变、消费者需求变化或竞争对手的创新等）引发的变化与企业原有知识产生不协调的时候。Teece（1997）认为企业为了保持与外部环境相匹配的竞争力必须能感知环境变化。如果企业无法感知外部环境的变化和企业内部的反应，那么抗风险能力的演化根本不会被提上议事日程。感知作为企业抗风险能力演化过程的第一个阶段，其主要功能是对环境变化中的潜在风险因素和企业内部的反应进行鉴别、分析和预测。这种感知能力一方面依靠企业对内外部各种客观信息资料的收集、分析、归纳和整理，另一方面也必须依靠主体的感性认识能力和经验等隐性知识。以经验为主的隐性知识是在以往的风险管理过程中根据失败的教训或成功的经验总结积累形成的经过实践验证有效的隐性知识。企业拥有或掌握的知识越多，其成功感知环境变化和潜在风险的概率就越大。如果企业现有的惯例能有效应对外部环境变化，那么企业就会直接采取行动。如果企业没有此类现成的惯例，那么就需要调整现有惯例或形成新惯例。

在动荡复杂的竞争环境中，高技术企业要面对技术的日新月异、消费者需求的不断变化、竞争对手的推陈出新，以及政策法规的调整等外部风险因素。而通常在外部风险因素的刺激下，企业内部潜伏的问题会加速涌现，继而形成风险事件，因此，高技术企业需要敏锐地感知环境变化。良好的信息获取能力和丰富的知识经验储备有利于企业感知环境变化。

二　变异

企业的知识并不是一成不变的。能力之所以要改变，是因为隐藏在能力背后的知识不再适合环境的变化。如果企业能感知到环境变化，但不能对变化及时做出适应性反应，那么抗风险能力的演化也会被延迟。变异是组织知识对环境变化做出的反应，是企业在原有的知识基础上所进行的解构、重构活动。变异通常发生在外部环境变化、竞争优势衰退和企业能力退化等客观因素，以及企业战略使命调整和能力期望提升等主观能动因素的共同刺激下。当企业感知到环境中的新变化，而现有的知识存量无法分析和解决风险问题、应对新挑战时，变异的需要就产生了。变异的目的是获得新的知识增量或实现知识存量的新应用。企业的这种变异不同于生物界中物种的被动适应性变异，它多表现为一种主动性变异。企业可以通过搜寻和选择企业外界已经存在的相关惯例来对环境变化做出反应；也可以通过知识的创造整合，创造出新的惯例；或通过整合机制，对选定的惯例进行整合，从而形成适应自身特点的新惯例，以此适应新的环境。因此，在变异的过程中，知识的吸收能力、创造能力和整合能力起着重要的作用。企业要改变其现有能力，保持自身对环境的适应性，就必须不断获取外部知识。企业所处的外部知识网络为获取新知识提供了多种渠道，企业可以通过直接引进人才、引进新技术或进行员工培训获得新知识。当企业不能通过外部知识获取和内部搜寻合适的惯例去解决问题时，企业就通过自身的知识创造形成新的惯例。因此，变异的另一个目的是实现知识的新应用以产生新惯例的雏形，这与企业的知识创造和整合能力有关。

变异知识一般具有隐性特征。从变异到下一个选择阶段的过渡涉及隐性知识显性化的问题。由于隐性知识难以理解和表达，为了充分实现其价值，首先需要将其转化为显性知识，然后才能在更大范围内被接受和运用。这种活动的实质在于通过对隐性知识的阐述完成不同主体间的知识传递，以达到不同主体对同一知识的对等认识。在知识转移过程中，新产生的变异知识会进行编码，然后通过知识沟通渠道传递给接收方，知识接收方对所传递的知识进行解码，并与发送方不断进行核实、修正和反馈，最终实现知识发送方与知识接收方之间的对等认知。

企业要通过知识的演化改变其现有能力就必须不断吸纳外部知识，对于高技术企业来说，特殊性知识尤其重要。特殊性知识通常以显性知识的形式存在于企业的内部与外部，是关于企业某个领域的专业知识。高技术企业不断获取的新知识为变异提供了基础，变异通常是一个渐进的过程。但由于高技术企业面临较短的产品生命周期和超强的竞争环境，其知识的变异过程常常较快。而如果是直接引进外部知识则可能发生突变。无论是渐进的改变还是突变，由于惯例的路径依赖性，变异会受企业原有知识的影响。高技术企业原有的知识存量及结构会影响企业的吸收能力，也会影响知识的创造能力，进而限制了企业能力改变的方向和维度，使变异过程也呈现一定的路径依赖性。如果原有的企业惯例中包含很强的知识吸收能力，并且鼓励创新，那么有利于促进知识的变异。高技术企业所具有持续创新的内在动力，使得其知识变异更容易发生。

三 选择

Nonaka 指出新产生的知识必须具有扩大现有知识存量或形成新知识机会的潜在效用，因此并非所有的变异都要保留，变异产生的新惯例知识面临着内部选择的压力。新知识为企业的发展提供了多种可能性，企业必须适时地进行取舍，以确定凝聚在企业抗风险能力背后的知识构成。选择的依据是评价这些变异知识是创造了产生新惯例的机会或是提高了现有惯例的效率。选择过程使得只有合理的变异知识才能够进入更高层次的知识演化活动中。

自然界生物演化过程中的选择主要由生物物种所处的外部环

境决定，而企业知识演化过程中的选择活动则是由处于高层次活动中的主导主体——"知识守门人"来执行的。"知识守门人"通过设定关卡来进行过滤和控制，进而决定一种新的变异可以被留存或者被剔除。组织中的这种主导性的管理认知能力极大地影响着惯例的选择和能力演化的轨迹。在选择过程中，企业内部的权力斗争常常是不可避免的，尽量客观、公正地评价新知识显得尤为重要。在选择机制中，"知识守门人"主导核查新的变异知识是否有效和合理，因此其必须在该领域具有足够的知识、经验和权威。评估的过程会涉及对先前知识的说明以及知识编码过程中所获取的经验，但由于每个知识评价主体都存在专业知识水平、实践经验等方面的差异，所以如果变异知识的创造者能进行充分说明，将有利于揭示变异知识的潜在价值，实现合理的判断和选择。由于认知能力的限制，企业进行选择时可能会忽视一些最具创新性的知识。认知性限制的存在也导致了系统的惯性。在选择阶段的后期，知识被整合编码以有利于新知识的清晰化，知识在此阶段达到显性化的顶点。从知识的角度看知识被编码不仅意味着企业新惯例的初步确定，而且也可以认为是企业一种新能力的初步确立。

在高技术企业中，企业家和高知识员工扮演了"知识守门人"的重要角色。大部分高技术企业的企业家本身就是企业核心技术知识的所有者，或是该专业领域内的权威，他们渊博的知识和敏锐的判断能力能有效地为企业核查新的变异知识是否具有潜在的价值，确保了选择的正确性。当然，高技术企业中还有一些知识存量高且学习能力强的高知识员工，他们是企业知识的主要载体，又是知识创造的主体，他们在选择阶段也发挥着重要的作用。

四　复制

经过内部选择的惯例知识要在企业内部进行大量的传播和复制。复制就是将企业中某个部门形成的新惯例共享或传播到其他部门以增进知识应用的过程。新惯例在企业中的反复运用是惯例得以不断繁殖的保证。复制是对源于生物演化的"变异－选择－保持"的传统模型的一个补充。这样做不仅可以使新惯例知识进入被需要的新时空环境中，而且也有利于企业成员通过建立部分交叠的知识结构和认知基础，增强理解力，促进新惯例知识在后续的活动中不断地被修正。在这个过程中，新惯例知识通过与现存惯例的互动来进行整合，形成新的知识集合，进而扩大相关主体的知识存量。

首先，由于演化过程的前三个阶段对知识的分析多是基于主观认知性活动展开的，新惯例知识的作用并未经过实践证实，再加上隐性知识具有的因果关系模糊的特性阻碍了新惯例知识在企业内部的复制传播。因此，由于对新知识、新惯例以及新能力的不信任，在面对环境不确定性和潜在风险时多数企业成员很可能仍沿用旧惯例。其次，出于对既得利益的担忧，拥有新惯例知识来源的个人或群体往往不情愿将自己的独特知识共享，或不愿意提供支持新知识、新惯例传播的资源。如果缺乏激励与可靠性的知识载体，新惯例知识的传播同样得不到保证。再次，如果新惯例知识的接收方缺乏动力、缺乏吸收能力和缺乏保持能力，同样会使得知识的传播受阻，并可能使企业返回原先的惯例中去。而运用上的受阻也会反过来制约新知识的产生。最后，企业组织结构和体制方面的制约因素，如组织结构、经营体制、协调机制和组织行为等都会影响知识的传播。此外，知识本身的缄默性也会阻碍知识传播。因此，虽然从理论上说，企业是知识整合的机构，相对于外部的传播，在企业内部传播更少地受保密性、合法性等因素制约。但实际上，知识在企业内部的传播同样遇到一些阻碍。Kogut 和 Zander（1992）的研究证明，经过编码的知识传播得更快并且失真程度低。因此，伴随着新惯例的复制，隐藏在新惯例背后的知识逐渐清晰化、编码化，这种知识的显性化过程将进一步促进惯例在企业内部的传递、流通和共享，新能力在实践中得以锻炼和发展。而同时新惯例在企业内部大量推广和扩散利用，逐渐在企业中落地生根，变成一种约定俗成的习惯行为，降低了企业决策的不确定性，同时也减少了动荡环境的不确定性给成员带来恐惧感和焦虑感。在复制阶段，随着新知识在实践中的不断推广和扩散，相关的整合性知识和配置性知识也应运而生。

高技术企业中鼓励创新的企业文化和促进共享的团队式结构有利于新知识的企业中的复制和传播。新惯例或改进的惯例在企业中的复制和传播会起到杠杆作用，即企业通过复制过程而传播知识的活动能够促进新信息的获取。这些新信息能够为企业进入新的知识演化循环的起始阶段提供所需要的变异条件。通过惯例的复制以及通过新方法积累经验，企业完成了适应的过程，并在新的知识循环演进之前正式更新了惯例。这样，知识在复制和传播阶段被充分开发和利用。

五 保持

保持阶段是实现对惯例知识的重复性使用。在复制的实践过程中，组织成员通过"干中学"对惯例进行了大量的修正，使得原先较为稚嫩的新惯例经过实践锻炼而趋向成熟。经过复制阶段后的惯例知识会被进一步融合并获得相应的认可，进入保持阶段。在保持阶段，企业通过重复运用惯例积累了大量经验。但是如果不经过评估、分析，在知识的重复利用过程中伴生的新信息是无法用于创建新的惯例或更新现有惯例的。而这些知识处理活动又涉及组织现有的知识基础。新惯例知识的集合经过重复性使用，已深深地嵌入主体活动的行为和记忆结构中，个体知识转化为组织知识，进而成为以整合性知识和配置性知识为主要形式的企业专属知识，企业效率也随之提升。

　　企业的上述行为调整着能力演化的方向，使企业保持与内外部动态环境的匹配与和谐。惯例在一定程度上能够保持企业的连贯性和持续性，但当惯例根深蒂固变成一种无需深思熟虑的自动化程序，即使在企业运营过程中出现一些冲突，组织成员仍会倾向于保持原有惯例。这种惯例长时间的缺乏调整所导致的越来越强的路径依赖性，会使企业惰性增强。然而，企业的环境变化是动态的，内部知识无法更新会导致惯例与环境之间的不匹配，抗风险能力退化。这就需要企业启动新一轮更高层次的知识演化。

　　基于知识的企业抗风险能力演化的过程如图 5 - 2 所示，在上述演化过程中，高技术企业知识经历了特殊性知识—整合性知识—配置性知识的演变。在这个演化过程中知识在选择阶段达到了显性化的顶点，在保持阶段达到了隐性化的顶点。知识特征可能从具有显性特征的专利、技术、工艺等知识，逐步演变、整合、内化到流程中形成业务能力。然后这些业务能力被配置到具体的市场、业务和产品中去，以此应对环境的变化，并带来竞争力的提升。在此过程中，企业通过不断总结成功的经验并将其规范化、制度化进而形成惯例。惯例具有较强的路径依赖性和动态性的特征，有利于根据内外环境的动态变化而重新整合各种成功要素，以应对新的不确定性或追求又一个暂时的竞争优势。伴随

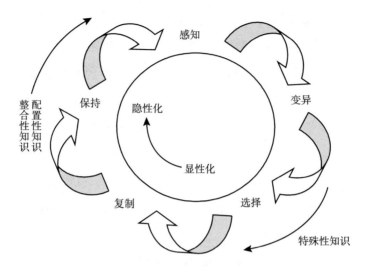

图 5 - 2　高技术企业抗风险能力演化的过程

着此过程，知识在某种程度上已经内化成一种具有企业主观思维特色的价值性知识。

　　总之，高技术企业在感知外界与内部因素的不确定性变化的基础上，通过认知性活动提出关于应对变化的新知识结构或新能力方案的建议。这些新主意的产生受企业现有的知识基础的影响。企业进入知识变异的阶段，在吸收外部知识以及内部反馈分析的基础上，企业丰富自己的知识存量或改变自己的知识结构。然后通过内部选择，对知识进行说明或者编码，促使隐性知识转化为显性知识，初步形成新能力的雏形。在复制阶段，新惯例知识在企业解决问题和适应环境的实践中不断被推广和扩散，企业的新能力形成。在保持阶段，企业在知识的重复使用过程中进一步积累了大量的经验，为能力的下一步变异提供了基础，同时，相关的整合性知识和配置性知识也应运而生。知识被深深地嵌入个体或组织行为中，组织效率也随之提升。伴随着知识运动的一个循环，支撑能力的知识也变得越来越丰富，越来越内部化、隐性化、流程化、惯例化和价值化，能力也完成了一次更新和提升。因此，企业抗风险能力的演化表面上是企业能力的提升、替代和重构，而其内在本质则是企业通过不断从外部吸取新知识，同时也不断从自身产生新知识，以形成新的知识组合应对环境变化。企业是一个由知识存量与增量构成的开放的知识系统，Garud 和 Nayyar（1994）指出，企业如果要激活知识存量，就必须不断地运用所获取的新知识，因而演化的内在主线则是通过吸收能力、创造能力和整合能力，以知识的增量来实现对组织知识存量的变革，从而更新抗风险能力，并形成竞争优势的新源泉。

第四节　高技术企业抗风险能力演化的推动因素

抗风险能力是一个复杂而多元的概念，其演化过程的推动因素包括个体因素、组织因素和外部环境因素三个方面。

一　个体因素

高技术企业作为一个经济实体，本身不具备意识和能动性，是人赋予了企业以功能和目的。在企业抗风险能力的演化过程中，始终离不开人的参与。对环境风险的识别以及相应决策选择等活动的主体是企业中的人。企业中的企业家和员工是企业抗风险能力演化的能动主体和内生力量，尤其企业家是企业风险的主要承担者，其个人的作用对企业抗风险能力的演化有十分显著的影响。这里的"企业家"泛指企业的创业者、决策层或是战略管理者等对企业具有控制权的人。Nelson 和 Winter（1982）认为在企业中决定是否保持现有惯例的继续运行，或者是采用其他的惯例来取代原有惯例是经理们的职责之一。企业抗风险能力演进的方向和速度主要依赖于企业家自身的知识存量以及由此体现出来的能力，如企业家识别重要变化的能力、制定战略和配置资源的能力，以及在逆境刺激下适时发动变革的能力。企业惯例的变异是企业家利用其能力经深思熟虑后选择的结果。德鲁克认为企业家是有目的地寻找创新源泉并勇于承担风险的创新者，是善于捕捉变化，并把变化转化为可利用机会的人。大部分高技术企业的企业家本身就是企业核心技术知识的所有者，如果企业家能够在远大战略的引导下，敏锐捕捉由技术变革或市场需求变化等因素所引发的对企业提升抗风险能力的内在需求，并有效调用各项企业资源，勇于创新，才能成功应对风险，适应环境变化，企业抗风险能力才能相应发展到一个新的层次。当然由于高技术企业的特殊性质，其员工对企业抗风险能力演化的影响会远远大于传统企业的员工。芮明杰（2004）等认为，高技术企业与传统企业的根本区别在于其具有相对高的知识存量以及不断追求知识创新的动力和压力，高技术企业的员工以高知识员工为主体，他们知识存量高且学习能力强，既是企业知识的主要载体，又是知识创造的主体。高知识员工常常是企业技术变革的发起者和推动者，他们有时还和企业家一起承担着"知识守门人"的角色，影响着企业对变异知识的选择。

二 组织因素

（一）知识的编码机制

知识明晰化可以增强企业成员对新惯例的理解，增强对环境变化与企业内部反应匹配性的认知。知识编码是比知识明晰化更进一步的活动，在许多情况下，当新的惯例建立起来后，通过知识编码形成的手册或工具具有协调工作和简化复杂任务的功能，因此，知识编码有助于知识的传播并便于协调和完成复杂的活动。知识编码过程对知识传播和扩散具有重要作用，是抗风险能力演化过程的支持机制。它促进了变革建议和机会的产生，以及对变革更新后的优势和劣势的分析，进而提高了企业决策的有效性。

新的或改进的惯例建立后，企业需要通过编写手册等方法来支持惯例的复制与扩散，因此知识的编码也被视为支持惯例复制的一种机制。实际上，在从个人知识到组织知识的整合过程中，只有一部分被整合，因此，知识编码是内部选择过程的一个因素，它有利于企业在准备改变目前惯例时充分识别其优点与缺点。当然，知识的编码会产生成本，直接成本包括创建手册或工具时所投入的时间、资源以及管理者的精力，而间接成本则可能来自任务执行的制度化、正规化所导致的组织惯性的增加。

（二）组织学习

能力的更新演化不会无故发生，而需要新知识的推动。由于环境的动态性，企业竞争优势的来源会随着时间的变化而变化。企业需要通过学习不断搜寻新知识，创新原有的知识结构，以塑造具有环境适应性的惯例，推动企业能力的提升。惯例是企业试错学习过程的产物。试错学习是通过反复学习，在实践中不断地对创新成果进行检验、修正、再检验，最终达到完善的过程。可见学习能促进组织惯例的形成和演化，通过组织学习，企业可以获得构成能力所需的特殊性知识、整合性知识和配置性知识，并进行重构以及改变企业能力，提升企业对外界环境变化的适应能力。根据 Zollo 和 Winter（2002）的观点，组织学习包括相对自主的认知学习过程和相对被动的经验积累过程。组织惯例是企业先前知识学习的结果，而由于学习过程的累积性和系统性，因此可以认为组织学习贯穿了企业抗风险能力演化的整个过程。惯例主要存在于群体行为中，也有少数存在于个体中的"子惯例"。通过集体讨论、对话交流和评估等活动将知识明晰化，促进新惯例的理解和推广的过程也是重要的学习活动。

推动抗风险能力演化的学习途径有两种：探索式学习与开发式学习。通过实验、试错和自由组合等方式，以较低的路径依赖性实现企业经验多样化的过程属于探索式学习。通过生产、提炼、加工和聚焦来提升企业经验可靠性的过程属于开发式学习。这两个过程相互交织，并在一定条件下可以相互转换。

在动态性和复杂性日益加剧的市场环境中，伴随着高技术的不断发展，高技术企业更需要组织学习来推动抗风险能力的演化，提高企业柔性，增强环境适应能力。

（三）企业自身的特征

既然资源和能力是企业竞争优势的源泉，那么企业内部的资源也是企业抗风险能力演化的基本保障。企业的知识资源、人力资源、金融资源、结构资源等各种有形和无形的管理资源是支持抗风险能力演化的物质基础。在企业抗风险能力的演化过程中这些资源是加快知识转化的重要条件，企业投入的资源越多，越可能促进其抗风险能力的演化。而在某些情况下对企业冗余资源的重新开发利用也可能促进企业抗风险能力的演化。

另外，企业自身的规模、发展阶段、产权制度等内部组织因素的变动都会引起企业的价值取向、战略方向、领导方式，以及组织结构和运作方式的改变，使惯例在自上而下的变革压力下发生变异，进而影响企业抗风险能力的演化。

三　外部环境因素

企业的抗风险能力实质上是对外部环境变化的一种响应机制。外部环境变化对企业的知识吸收、整合与创造都会产生影响，外部环境因素又具体包括：①技术环境因素。不断创新的技术和产品是高技术企业获取竞争优势的源泉，高技术企业抗风险能力的演化受到技术环境的影响。在技术发展日新月异的当代，不能及时开发新技术、替代旧技术的企业必然会在市场竞争中被淘汰。②市场环境因素。企业通过市场与各外部利益相关方交互，并实现自身目标。企业抗风险能力的强弱是具有相对性的，行业竞争状况的变化、市场需求的变化、竞争者的反应等都可能成为企业抗风险能力演化的影响因素。③政策环境因素。如前文所述，高技术领域的认定是各国各地区根据自身经济发展水平做出的政策性规定，因此，政策的变化不仅会引发技术、市场等宏观社会经济环境因素的改变，而且也决定了高技术企业抗风险能力的演化。

另外，企业抗风险能力不仅仅产生于企业内部，企业也可以从外部环境中间接获得抗风险能力，因为企业中很多活动都有很强的外部性，例如企业可以加强与供应商、客户的联系，或与其他企业进行合作形成联盟，提升自身抵御风险的能力。尤其当前各地都在大力发展高技术企业集群，在集群中，外部因素对企业抗风险能力的影响更为直接和强烈。

第五节　典型案例研究：昆船公司基于知识的抗风险能力演化分析

本节将结合本章前文提出的基于知识的企业抗风险能力的演

化过程，对云南省的一家知名高技术企业——昆明船舶设备集团有限公司（以下简称"昆船公司"）进行案例分析。

案例研究法是一种经验性的研究方法。相对于大规模的统计调查方法，案例研究是一种适合不易从社会环境中分离的复杂过程的经验性研究方法，尤其适合观察和研究企业发生的与时间有关的纵向性变化。在本书的研究中，知识的作用和企业抗风险能力的演化都是与时间相关的动态变化过程，因此案例研究的方法也能很好地适用于本研究的研究目的和研究对象。

案例研究法中选取的案例应具有较强的典型性，同时要具有独特的研究价值。虽然与全国的发展水平相比还有较大差距，但云南省高技术产业近年来在省政府的重视和支持下也取得较好的发展，其中不乏处于全国前列的高新技术企业。并且有些企业在金融危机发生时和后金融危机时代都能成功抵御风险，持续发展，因此，选择其中的成功案例进行研究具有重要的研究价值。综合考虑企业成功模式的可推广性和企业调研的便利性，经过认真的分析和比较，本研究最终选取了昆船公司作为研究的对象。昆船公司作为早期的军工企业，为适应环境变化，在 20 世纪 80 年代转为民用产品生产。经过近 30 年的发展，公司现已在多种产品的制造生产领域建立了以知识为基础、技术创新和自主知识产权为核心的竞争优势。尤其是"十一五"期间，面对金融危机对国内企业和市场的严重冲击，由于 80% 的项目和 40% 的产品拥有自主知识产权，昆船公司成功抵御风险，企业的各项经济指标实现了在"十五"基础上"翻一番"的目标，企业经济实力、创新能力，以及品牌和形象都得到显著提升，抗风险能力也进一步增强。

企业具体的财务数据在有关能力的实证研究中常常被当成能

力的业绩指标，然而受限于数据采集与暴露，本案例主要采用描述性的分析方法。以前文的理论研究为依据，通过对企业网站的查询和书面资料的收集整理，掌握了有关案例企业的基本概况和发展历程，并形成了对企业核心知识领域、抗风险能力的形成和提升、企业竞争优势的初步认识和针对性的调研访谈提纲。在此基础上，深入企业实地调研，与企业的高层管理人员和核心技术人员进行面对面的访谈，获取了更为翔实的资料。并在后期案例信息分析过程中不断与企业高层管理人员沟通，对研究内容进行不断的修订和验证，提高了案例结论的理论价值和实践价值。

一 企业简介

昆明船舶设备集团有限公司是中国船舶重工集团公司控股，国家开发银行、华融资产管理公司参股的有限责任公司，是光、机、电和信息技术相结合的国家级高新技术企业。作为集科、工、贸于一体的大型企业集团，2010 年末公司资产总额达 45.2 亿元，公司净资产达 10.78 亿元，在职职工有 6700 余人，其中各类专业技术人员 2300 余人，工程技术人员 1500 多人。昆船公司拥有国家级企业技术中心、自动化物流实验室、博士后工作站、工程硕士培养基地，已形成设计先进、工艺齐全、设备精良、柔性化的生产能力，在成套装备、系统集成、信息系统等方面具有较强的研究开发实力。

昆船公司的组织结构见图 5 - 3。

昆船技术中心是 1993 年国家首批认定的 40 家国家级企业技术中心之一。昆船公司于 2008 年被科技部、财政部和国家税务总局确定为首批 91 家创新型企业之一；2008 年按照新的国家高新技术企业管理办法被重新认定为国家高新技术企业；是全国第

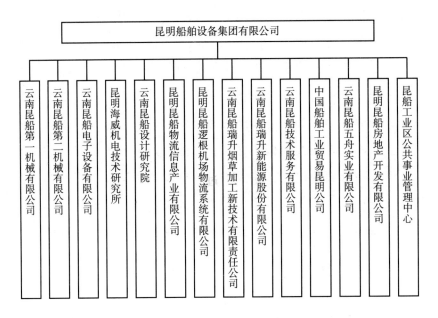

图 5 - 3　昆船公司的组织结构

一批 40 家专利试点单位之一，2004 年被评为全国专利试点先进单位，2007 年被国家知识产权局确定为首批全国 70 家企事业知识产权示范创建单位之一；2010 年被国家认定为 138 家制造业信息化科技工程应用示范企业之一，昆船物流已连续 5 次上榜中国软件百强企业。昆船企业博士后流动工作站是 1998 年经全国博士后管委会批准的首批 45 家企业博士后工作站之一。2010 年昆船公司被云南省科技厅、国资委、工信委和总工会确定为首批 19 家创新型企业之一，是云南省政府集中力量支持的主业突出、拥有自主知识产权、核心竞争力强的大型企业集团之一。

二　昆船公司基于知识的抗风险能力的演化过程

能力本身具有抽象性和内隐性，但企业的各种能力都会通过相应的行为体现出来，抗风险能力也不例外。抗风险能力主要是通过企业抵御风险和获取竞争优势的行为体现出来的，或者说企业获取持续竞争优势的行为特征就是其良好抗风险能力的表征。同时，由于企业抗风险能力的知识本质，对企业抗风险能力演化的识别实际上是对具备这一能力的高技术企业的知识演化和行为特征变化的识别。因此，本研究通过对昆船公司在适应环境变化、获取持续竞争优势过程中知识的演化和行为特征的变化进行识别，探寻其抗风险能力的演化过程。

（一）感知

通过对企业的历史进行研究，可以发现昆船公司对外界环境的变化和企业内部的反应特别敏感。

20 世纪 80 年代中期，昆船公司发现当时国内烟草企业家庭作坊式生产以及烟草机械设备大量进口的现状，捕捉到烟草制丝成套设备国产化的市场契机，并及时退出自己不熟悉的汽车等行业。90 年代中期，昆船公司发现国内物流市场的巨大需求，以打破外国公司对我国自动化物流系统装备的技术壁垒和行业垄断、赶超世界先进水平为目标，启动实施了自动化物流系统装备协同创新工程。后来，在"十五""十一五"期间企业也注重以国家产业政策为导向，并在逐年的实践过程中根据国家优先发展的高技术产业化重点领域指南、国家重点工程建设以及市场需求，结合企业实际情况进行调整和完善。如结合昆明新机场国家重点建设工程，开发机场行李处理系统装备；结合国家"十大产业振兴与调整规划"，开发物流配送装备、高端制造装备；结合国家发展战略性新兴产业政策，开发新能源汽车、固体废弃物资源化处理装备、再生水处理装备等。对外部环境和内部反应的敏锐感知为昆船公司的可持续发展提供了充分支撑和保障。

事实上，昆船公司原来是一个单纯的军工企业，早在 20 世纪 80 年代初，昆船公司就敏锐地感觉到市场变化的大势，开始从军品生产转入民用产品制造领域。转型之初，公司下属的五个工厂为求生存，各自为政。由于原军工企业地处深山，交通不便，信息闭塞，企业技术知识老化，对市场信息的相关知识掌握不足，且在产品开发活动中各职能部门的思路和行动方式差异较大，先后开发的数十种产品技术含量低，无法适应市场需求，导致企业严重亏损。外界环境的变化趋势以及内部困境的反馈促使昆船公司积极寻求知识变异。

（二）变异

变异通常发生在外部环境变化、竞争优势衰退和企业能力退化等客观因素以及企业战略使命调整和能力期望提升等主观能动因素的共同刺激下。从知识的视角看，变异的发生是因为隐藏在能力背后的知识不再适应环境。为了摆脱企业知识老化和早期企业在军转民过程中遇到的困境，昆船公司首先从组织结构上对参与企业知识创造的人力资源进行调整，于 1984 年将分散在五个工厂的 30 多名工程技术骨干集中调到昆明，组建成立昆船产品设计研究所。初步形成了昆船公司技术创新主体的核心力量，并在战略上明确了昆船产品设计研究所在新产品开发中的重要作用，营造了有利于企业对原有的知识基础进行解构和重构活动的内部环境。

初期的结构调整和知识创造主体地位的确立，使得企业中拥有不同知识的各类专业人员得以集聚，相互之间得以交流，促进了知识转移和共享，特别是使得那些难以流动的隐性知识进入了一个共同的可转移和可转化的环境之中，个人知识内化为组织知识，从而产生了递增的经济效益。昆船公司在 1986 年找准市场的切入点，抓住了烟草制丝成套设备国产化开发的机遇，不到三年的时间实现扭亏为盈，摆脱了困境。进入烟机生产行业之初，由于企业技术水平与国外水平有很大差距，早期的产品多是模仿国外先进产品。随着研发能力的提高，企业知识创造能力不断提升，昆船公司技术水平有了长足的进步，同时公司决策层也敏锐地意识到单纯地模仿不是长久之计，很多国外的先进技术都是有专利保护的。

对于高技术企业来说，关于企业某个领域的特殊性知识尤其重要。"八五"末期，昆船公司开始涉足自动化物流系统，面对一个市场完全开放、自由竞争的领域，公司进一步认识到通过吸收新知识和创造新知识改善原有知识结构的重要性。在积极搜寻企业外部新知识的同时，为了有效规避专利技术风险，昆船公司更加重视集成创新，期望通过知识的创新整合创造出属于自己的新知识。而此时的昆船公司已经积累了一定的知识存量，也具备了引进外部先进技术的知识吸收能力和自主开发创新的创造能力。

为了充分吸收外部新知识，昆船公司建立了一整套关于信息的采集和处理的制度，利用各种渠道收集市场信息和技术信息，以保证重要的信息能够及时地传递给企业相关决策者。

积极通过各外部利益相关方获取新知识。公司先后与 Siemens、Rockwell、ABB、NDC、SEW、LENSE、Robotech、Muratec、Okura 等世界知名企业建立了良好的合作关系，通过技术成果产业化，推出了一批具有国际先进水平的主机设备。公司同一些大专院校和科研院所建立了长期稳定的合作关系，包括清华大学、西北工业大学、北京理工大学、重庆大学、东南大学、云南大学、昆明理工大学、郑州烟草研究院、云南烟草研究院等。此外，公司还参与国内外多领域、多渠道的技术交流、人才培训和合作研究，充分利用合作方在高端产品、关键设备上技术成熟、工艺先进的优势，迅速实现了企业知识存量的增加和优化。

我国是制造业大国，制造业已形成相当大的生产规模，工业增加值列世界第四位。但目前技术对外依存度较高，从国外引进的大部分核心技术和品牌以及营销渠道仍然被外国企业控制。由于企业缺乏具有自主知识产权的核心技术和品牌，不仅利润薄，而且企业抗风险能力差。为此，国家把自主创新提到了前所未有的高度，党的十七大报告明确提出"提高自主创新能力，建设创新型国家"是国家发展战略的核心。昆船公司坚持自主创新，通过企业内部和外部资源的不断整合，以掌握核心技术和拥有自主知识产权为目标，努力获取竞争优势。每年占销售收入近6%的技术开发与研发投入，为技术开发、新产品试制和试验验证以及技术基础设施的建设提供了充足的资金保证。建立了激发创新意识的人事制度、工资制度和鼓励职工创新以及吸纳外部知识资源的激励机制。在广大工程技术人员中加强对技术知识的学习和对主要竞争对手产品的分析研究，成为公司自主创新的来源。企业适时根据需求组织技术专题讲座和学术研讨会，形成良好的技术创新环境和氛围，使技术创新工作受到启发，最终实现知识创造。

由于企业原有的惯例中包含了较强的知识吸收能力，并且建立了鼓励创新的内在机制，因此有效地促进了昆船公司知识变异的发生，新的经济增长点在企业中不断得到培育和发展。"十一五"期间，公司围绕节能环保、新能源行业、"三网"融合等国民经济发展的重要领域和国家支持的产业方向，锲而不舍地寻找产业机会，并取得了一定的进展。在新能源汽车方面，昆船公司抓住昆明作为节能与新能源汽车在西部高原试运行城市的良好机遇，成立了新能源汽车项目组，研制开发高原型混合动力汽车，目前已研制出了昆船高原型混合动力汽车样车，昆船公司已被昆明市科技局授予"高原型新能源汽车整车研发基地（昆船基地）"称号。在固体废弃物资源化处理方面，针对城市固体废弃物资源化处理中存在的问题，昆船公司进行了垃圾分拣方面的研究；在农业固体废弃物资源化处理方面，围绕滇池流域农业固体废弃物，成功完成了处理能力为 200 千克/天的高效干式厌氧发酵试验装置样机的设计、试制和安装调试，进行了干式厌氧发酵试验，为进一步研制开发农业固体废弃物厌氧发酵处理成套设备奠定了基础。在"三网"融合方面，公司与云南省广电局结成战略合作伙伴，开发出中星 9 号"村村通"卫星机顶盒（ABS-S）、地面数字电视机顶盒（DMB-TH）、有线数字机顶盒三种数字机顶盒产品，产品技术性能已经得到云南省广电局及相关部门的认可。

可见，企业一方面进行传统产品的完善开发，另一方面不断地开发新产品，企业的知识存量得到了新的应用，知识增量也不断得到积累，实现了知识变异。

（三）选择

变异产生的新知识、新惯例为企业的发展带来了机遇，也带来了风险，企业必须适时地进行取舍，以确定凝聚在企业抗风险能力中的知识构成。只有有效的新知识、新惯例才能进入高一级的知识循环，这就是内部选择问题。"知识守门人"在选择阶段具有决定性的作用。由于昆船公司原属的军工企业性质，企业的领导者有着绝对的指挥控制权，员工具有高度的纪律性。企业文化的一致性，使得领导者所做出的决策能够被企业员工严格地贯彻执行。因此作为"知识守门人"的领导者对内部选择过程具有绝对的权威性，这种方式在一定程度上避免了由内部群体的权利斗争或者利益冲突而导致的决策效率低下。

另外，昆船公司的工程技术人员占到企业职工总数的70%以上，企业核心决策层的成员多数是技术人员出身，有着较高的知识水平和丰富的技术经验积累，且对企业内部的技术业务流程非常熟悉。由于主导性的管理认知能力极大地影响着新惯例的内部选择和能力演化的轨迹，核心决策层成员的高素质在很大程度上保证了变异知识的潜在价值能够得到合理的判断，提高了内部选择的正确性，进一步确保了只有那些创造了产生新知识的机会或是提高了现有惯例效率的变异知识才能够进入更高层次的知识演化活动中。

（四） 复制

经过内部选择的变异知识所形成的惯例或新能力雏形要在企业内部进行推广和扩散，以促进新知识的应用。昆船公司在新知识的内部共享和扩散方面保持着高效率。新知识在企业传播的高效率一方面来源于企业制度方面的保证，另一方面来源于企业结构方面的保证。

在制度方面，企业核心决策层对创新高度关注，技术创新被视为"一把手"工程，领导者亲自过问新技术在企业内的推行情况。同时，企业通过建立相应的激励制度，鼓励员工参与知识的共享和扩散应用，并确保员工的个人利益与企业效益挂钩。良好的激励制度充分调动了技术人员的积极性，企业的技术部门持续不断地推出新产品，并为企业带来了持续的效益。由于企业的发展实践已经清楚地证明了技术创新是企业效益和竞争力的主要来源，因此无论是管理人员还是生产工人都对技术部门的工作充满信任感。管理人员积极为创新提供人力、物力和财力的支持，以设计图纸和设计手册等显性形式在企业内部传播的新知识很容易被生产人员和营销人员理解，他们在接受新知识的同时会依据自身的经验提出改进建议。这种在各部门之间有效沟通过程中进行的知识反馈、磨合，能够促进对知识的理解和吸收，确保了新惯例知识的共享和推广。

在结构方面，随着企业的发展和产品开发的不断延伸以及市场经济环境的变化，为了促进新知识在企业内部的推广，公司对企业知识创造和技术创新主体的组织结构进行了进一步调整和优化：1993 年，以云南昆船设计研究所为核心，成立了国家级企业技术中心；1997 年，在云南昆船设计研究所的基础上组建了云南昆船设计研究院，负责烟草、塑料机械、物流自动化等设备的总体设计及新产品研究开发，分散于各子公司的技术开发部门负责单机开发；2004 年，以企业技术创新为主线，充分发挥整体优势，对集团公司内部的技术创新力量进行了重大调整、资源整合和优化，搭建了适应发展、积极应对市场、实现快速反应的"统一开发、统一经营、统一售后服务"的三大平台，亦即：将各子公司的技术总负责人员和市场营销人员按照专业划分和职能，调整到烟机经营公司和物流信息公司，形成面向市场的统一经营平台；将各子公司从事技术研发和产品设计以及技术标准、知识产权等方面的技术人员，调整到研究院，并撤销公司技术部，将其职能和人员并入研究院，强化科技管理职能，形成集团公司统一的技术开发平台；撤销公司技术服务处，成立技术服务公司，并将各子公司安装调试以及售后服务的技术人员调整到技术服务公司，形成面向用户的统一技术服务平台；产品工艺设计和产品制造仍由各子公司工艺技术部门负责。三大平台的搭建，使昆船公司的市场营销、技术开发和售后服务得到了统一。技术开发平台的纵向方面，向上与市场营销相连，向下与工艺设计、产品制造和技术服务相接；横向方面，具有技术基础研究、新产品开发、合同产品设计、新产品试制和试验四大建制，初步形成技术创新与市场营销、技术服务、工艺设计和产品制造的协同技术创新系统，极大地促进了知识资源的共享和扩散。

（五）保持

新惯例知识需要经过重复性的实践运用和验证才能得以保持。企业通过对惯例运用过程中积累的经验的分析反馈，促进了整合性知识和配置性知识的增加。昆船公司组织规模较大，业务范围广，拥有专门知识的部门多，在对新知识的反复运用中，部门间的频繁交流互动使新知识得以强化，新能力得以保持。

技术创新的知识产权成果是企业经营性惯例的主要表现形式。为了使新惯例知识得以良好保持，昆船公司不断优化企业的知识产权管理结构。企业知识的创造和积累离不开对知识产权的保护和激励。无论是在新技术、新产品、新工艺的研究开发阶段，还是在创新成果的产业化及商业化阶段，知识产权无不发挥着重要而具体的作用。在“九五”时期之前，昆船公司开发的产品主要是烟草机械成套设备，由于其属于专卖产品，加之当时的创新工作还处于引进技术消化吸收和功能模仿阶段，知识产权意识还很淡薄。在 1997 年以前，整个企业仅有 1 项授权专利，还是与主业无关的产品。“八五”末期，昆船公司开始涉足自动化物流系统，面对全新的领域，公司才逐渐认识到知识产权的重要性。昆船公司将知识产权作为增强企业核心竞争力和实现经济跨越式发展的重要抓手，成立了知识产权管理办公室，建立健全了知识产权管理机构、管理办法和奖励措施，建成云南省首家企业“七国两组织”专利信息检索平台和专利文摘数据库并投入使用。为了进一步促进知识产权产品在企业中的共享和扩散，2004年，昆船公司将知识产权管理模式由原来对各子公司的松散式备案管理转入技术中心高度集中管理，整合技术创新资源，收到了较好效果，为企业知识的创造起到了保驾护航的作用。

三　昆船公司的竞争优势

企业持续的竞争优势是企业抗风险能力成功演化的根本表征。

昆船公司近20年来经济总量、销售收入、利税总额等经济指标一直保持10%以上的增长速度。通过持续不断的技术创新和知识积累，昆船公司在自动化物流系统成套装备、烟草机械成套装备、计算机软件、系统集成等方面，形成了一批具有自主知识产权的核心技术，构建了以专项产品、烟草机械、自动化物流系统、机场装备"四大领域"为核心，节能环保、新能源行业、"三网"融合等为新增长点的支撑企业可持续发展的产品结构体系，企业抵御风险的能力不断增强。

特别是在受金融危机影响、国内制造业普遍低迷的"十一五"期间，昆船公司的技术创新工作表现出了大投入、大成效的特点。"十一五"期间，昆船公司在技术创新投入方面较"十五"期间有了较大幅度的增长，技术创新投入经费从"十五"期间的4亿元增加到了"十一五"期间的近7.3亿元，增幅达到81%。"十一五"期间，公司每年投入技术开发的经费都超过1亿元，占企业销售收入的比例大于6%，远远高于我国中央企业科研开发经费占销售收入的比重仅为1.5%的平均水平。公司新产品、新技术和新工艺不断涌现，"十一五"期间，公司在科技计划项目的申报、立项及获奖方面实现了新的突破，获得国家部委、省、市等科技部门批准立项项目共计48项，已通过国家省市科技部门验收的科技项目共计 37 项，获得科技进步奖的项目共计 62 项。公司在烟草柔性制丝、精细化打叶复烤、条烟调整分拣自动补货系统、军方物流、机场行李处理系统等方面形成了一批重要的创新成果和市场成果。技术创新的工作成效不仅体现在开发出的技术、产品及其在市场上获取的直接收益方面，而且技术创新中所获得的知识产权也可以最终为企业带来收益。在昆船公司技术创新快速发展的同时，作为惯例知识的主要表现形式——知识产权也得到了显著增加。公司在专利申请量和持有量上出现了质的飞跃，仅 2010 年就申请专利 61 项，获授权 54 项。"十一五"期间，昆船公司科技成果获国家授权专利 166 项，获软件著作权登记 21 项。截至 2010 年 12 月 31 日，昆船公司共申请专利 500 余项，拥有 279 项国家授权专利，其中发明专利 130 项；申请登记计算机软件著作权 34 项，获准登记 24 项；专利实施率达 90% 以上，新产品贡献率在 70% 以上。主持和参与制定国家或行业标准 47 件；申请注册商标 3 件，核准注册 2 件，获国家及省部市级科技进步奖 120 余项①。

　　昆船公司成功树立了"昆船物流"的高技术品牌，"昆船"商标成为云南省著名商标，"昆船"牌烟草制丝成套设备为云南省名牌产品。"昆船牌仓储自动化物流系统"被授予"中国名牌产品"和"云南省名牌产品"。"昆船"名牌产品使企业、名牌、商标三位一体，提高了企业核心竞争能力和市场知名度。公司被纳入全国首批创新型企业、云南省首批创新型企业、全国首批专利示范创建单位。在云南省、中船重工集团的大力支持下，昆船

---

① 昆明船舶设备集团有限公司：《国家认定企业技术中心 2010 年度工作总结》，2011 年 5 月。

公司正在建设中国最强、最大的民用机场通用装备研发生产基地。"十一五"期间,公司相继与红塔集团、上烟集团、红云红河集团、云南机场集团等具有重要影响的大型企业集团合作,取得了较好的示范效应,品牌、形象得到了显著提升。昆船公司在科技型龙头企业的主要发展目标指引下,已基本形成了以知识为基础、技术创新为手段的全面抵御风险的企业能力体系,"十五"以来,昆船公司更是保持了20%左右的增长速度。

四 案例总结

从上述分析可见,伴随着基于知识的企业抗风险能力的不断演化,昆船公司拥有了强大的创新能力,以及难以复制的竞争优势。

高技术企业与传统企业的最主要区别在于高技术企业的发展主要是基于技术性知识的创新,其主要产品是由技术研发的知识类产品。不断创新是高技术企业获取利润的源泉,也是推动产业发展的动力。各国各地区在认定高技术产业与高新技术企业时,都将高新技术产品收入在企业销售额中的比重作为一项重要的判定指标。高技术企业技术创新的成功能为企业带来巨大的竞争优势,产品可迅速占领市场。但高技术企业技术创新的这种革命性特点也会使高技术企业因某项创新的失败而陷入困境。技术因素本身包括技术的复杂性和结果的不确定性所导致的风险,而且伴随着环境的变化和企业的发展,技术的复杂性与创新结果的不确定性都在不断变化,企业更是需要不断更新的知识和不断提高的能力以应对环境的变化。可以说昆船公司的发展历程基本验证了本章提出的基于知识的高技术企业抗风险能力演化过程的理论观点,而且昆船公司的实践也证明,基于知识的企业抗风险能力与企业绩效和竞争优势显著相关。

第六节　本章小结

企业抗风险能力的演化本质上就是知识的演化过程。新知识（增量）与先前的知识积累（存量）相结合，推动着企业知识的演化。知识演化过程是循环反复的，由感知、变异、选择、复制和保持五个阶段构成。在演化循环中，企业知识经历着由个人知识向组织知识、由显性知识向隐性知识，以及由特殊性知识向整合性知识和配置性知识的转变。每个循环的结果都是企业抵御风险能力的进一步提升，并引导企业进入一个相对稳定的状态。但企业作为一个与外界环境不断进行物质、能量和信息交换的系统，在与环境互动的过程中所产生的数据、信息不断地为新一轮的企业知识演化准备着条件。因此，企业抗风险能力的演变以变化－相对稳定－再变化的交替形式与企业发展－稳定－再发展的节奏保持一致。个体因素、组织因素和外部环境因素是企业抗风险能力演化的主要推动因素。企业只有及时迅速地根据外界环境的变化对自身的知识存量和结构进行调整，才能在不确定性环境下生存和发展。因此，基于知识的企业抗风险能力的演化推动着高技术企业竞争优势的演化。本章最后通过昆明船舶设备集团有限公司的典型案例研究验证了基于知识的企业抗风险能力演化过程的理论观点。昆船公司的发展成就也充分说明了基于知识的企抗风险能力对高技术企业竞争优势的积极作用，为后续有关基于知识的企业抗风险能力与高技术企业竞争优势的关系研究提供了实践性的支撑。

第六章　基于知识的高技术企业
抗风险能力与竞争优势
关系的实证研究

　　企业能力的研究最终都应归结到其与竞争优势的影响关系上。基于此，本章旨在通过理论建模与实证研究相结合的方法，探寻基于知识的高技术企业抗风险能力对竞争优势的作用关系。本章将在前述理论研究的基础上，构建基于知识的抗风险能力与企业竞争优势关系的概念模型，通过对高技术企业的问卷调查和数据收集，以及相关的数据统计分析，揭示基于知识的高技术企业抗风险能力对竞争优势的影响关系和作用路径。

　　面对快速变化的技术和市场环境，依托于某项特定资源或能力的企业竞争优势是有生命周期的，其演变轨迹如图6-1所示。顾客偏好的变化、竞争对手的技术创新、政府政策的调整等因素均会对竞争优势的延续产生影响。随着环境的变化与时间的推移，原来作为企业竞争优势来源的某种特定的资源或能力会被模仿或替代，原竞争优势必然会衰退甚至消散。企业的竞争优势是一种短暂性的优势，如果企业不能抵御风险，就只能在环境的变化中逐渐衰亡。当企业外部环境以及内部要素发生变化时，企业的竞争优势也应随之发生变化。成功的企业能适应环境的变化，不断建立新的竞争优势。那么在不确定性环境中，企业抗风险能力与企业竞争优势之间有怎样的关系？根据企业能力观的观点，隐藏在能力背后的企业知识是决定企业核心能力的因素，企业能力作为企业中的积累性学识，其本身能够为企业带来竞争优势。企业抗风险能力能够为企业的活动提供保障和支持，使得企业目标的实现更有效率，这也是企业获取和保持竞争优势之根本。根据资源观理论的观点，资源的异质性是企业竞争优势的来源，企业依赖其知识的积累和运用来抵御风险。企业拥有的知识是企业内部最独特、最有价值的重要资源，知识的异质性使得每个企业的抗风险能力也具有异质性特征，从而为企业带来持续竞争优势。

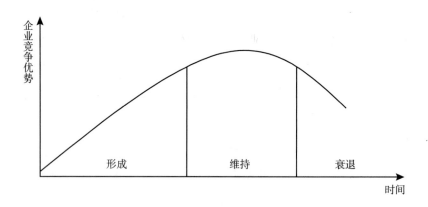

图 6 - 1 企业竞争优势的演变轨迹

从知识的视角看，企业抗风险能力源于企业知识存量和知识运用能力的总和。当环境变化对企业抗风险能力提出变革要求时，企业便要运用知识吸收能力、知识创造能力和知识整合能力，获取和利用内外部知识，形成对原有知识的整合、重构和提升。改进和更新的组织知识，经过反复运用，上升为以组织惯例形式存在的隐性知识。这些难以复制的隐性知识被运用于生产，使企业能够为顾客提供优于竞争对手的产品和服务，从而有效提

升企业的竞争优势。企业通过知识和能力更新形成的新竞争优势
进一步丰富了企业的知识存量和结构，进而增强了对新知识的感
知和运用能力。一旦识别到环境发生新变化时，企业又需要及时
与自身能力进行比对，进而在内部知识存量和外部知识源中进行
新一轮的搜寻和整合，并在对原来能力进行借鉴的基础上构建新
的抗风险能力，当条件成熟时完成新一轮的能力更新。Teece 等
认为，能力的构建可以使企业形成显著的资产，并且有利于企业
在任何时间点上都能形成竞争优势。随着企业抗风险能力如此周
而复始的动态更新，企业也在获取一个又一个短暂的竞争优势过
程中得到长期的可持续发展。企业抗风险能力与企业竞争优势的
共同发展关系如图 6 - 2 所示。当抗风险能力不足以满足企业应
对环境变化的需要时，企业就开始构建新的抗风险能力。

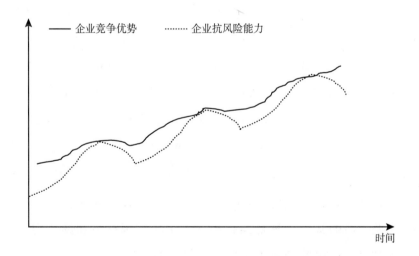

图 6 - 2　企业抗风险能力与企业竞争优势的共同发展关系

　　由图 6 - 2 可见，企业的持续竞争优势是一条渐渐上升的波
形曲线。某一时点上的竞争优势所对应的企业抗风险能力是不同
的。企业竞争优势变化的根源在于企业抗风险能力的变化。企业

抗风险能力的作用是一个知识积累和创新的过程，既包括吸收和创造新知识，也包括对已有知识的整合和巩固，进而形成适应并反映环境要求的新的竞争力。因此企业抗风险能力所支撑的竞争优势应该是渐渐上升的。

第一节　高技术企业抗风险能力与竞争优势关系模型的构建

企业抵御风险的最终目的是获取持续的竞争优势。正如已有文献的研究（Cohen W. M.，1990；Ikujiro Nonaka，1995；Davenport T.，1998）结果所示，企业能力是企业竞争优势的来源，知识及知识管理能够有效地促进和提高企业的绩效与竞争力。但基于知识的抗风险能力对高技术企业的竞争优势的具体影响还没有被深入研究。为了探寻基于知识的抗风险能力与企业竞争优势的关系，必须从企业抗风险能力的知识基础出发。知识经济时代下，知识既是企业的产品，同时也是企业生产的原料。很多学者的研究（Spender J. C.，1996；彼得·德鲁克，2009）都证明知识是企业获取持续竞争优势的重要源泉。随着时间的推移，企业的知识存量和知识结构如果不能适应环境变化的要求，就可能导致企业丧失已获得的竞争优势。因此，企业需要通过不断地吸收新的知识，整合原有知识，增加知识存量和调整知识结构，提升抵御风险的能力，以维持竞争优势。

一　研究假设的提出

在本书的第四章，笔者将基于知识的企业抗风险能力划分为知识吸收能力、知识创造能力、知识整合能力和组织知识四个维度。知识吸收能力、知识创造能力和知识整合能力都属于企业及时掌握反映内外部环境变化的新知识的动态能力，Teece（1997）认为动态能力能使企业在快速变化的环境中获取持续竞争优势。具有价值性、难以模仿和难以替代的独特性组织知识也是企业竞争优势的来源，因此，本书提出如下假设。

（一）　知识吸收能力与企业竞争优势之间的关系

任何企业都不可能拥有实现目标所需的一切关键知识资源，企业需要不断补充新知识。技术创新是高技术企业获取竞争优势的关键，但企业难以仅仅依靠自身的知识完成创新活动。最早提出吸收能力这一概念的 Cohen 和 Levinthal（1990）认为，良好的吸收能力能帮助企业更加准确地预测技术知识的本质及商业化潜力，从而提高企业的创新能力。Koberg 等（1996）认为大量的创新实际上都始于对外部知识的获取。企业的吸收能力越强，就越能够辨别外界环境中的有用知识。Jansen（2005）的研究认为吸收能力是提升企业绩效和竞争优势的重要力量。企业可以从客户和供应商等外部知识源处获取关于创新的创意；从客户、分销商和竞争对手处获取市场的知识；通过技术转让、企业并购等形式直接从外部获取所需技术知识，提高创新效率。吸收能力越强，就越能将外部知识转化为企业的知识资本，而正是知识资本使得企业的创新成为可能。知识整合能力有助于知识创造绩效的提高。Tsai（2001）在对创新及绩效的研究中认为吸收能力可以显著地提高组织各内部单位的创新达成率（新产品上市数/总计划产品数 × 100%）及收益实现率（实际收益/预期收益 × 100%）。基于对韩国的 Technology-based Ventures（TBVs）的经营绩效的实证研究，Lee 等人（2001）认为与技术相关的吸收能力及知识整合能力是这些 TVBs 绩效提升的充分必要条件。不断地从外部获取知识有助于技术创新绩效的提高，而创新活动正是提升高技术企业竞争优势的重要途径。尽管有很多学者认为吸收能力对企业的创新活动和绩效有重要的影响，从而使得吸收能力与高技术企业的竞争优势之间存在一定的逻辑关系，但是针对两者之间关系的现有实证研究还比较少，在影响的作用路径方面也尚存在分歧。因此，本书提出研究假设1——知识吸收能力对高技术企业的竞争优势有显著的正向影响。

（二）知识创造能力与企业竞争优势之间的关系

Nonaka（1991）认为知识创造是企业创新的基础和动力。国内学者马勤（2006）的研究证明了知识创造能力是影响企业竞争优势的重要因素。赵淼（2009）以企业的研发投入和自有专利数量为指标，实证了知识创新与企业绩效正相关。许方球等（2009）的研究也指出，进行知识创新能够使企业的竞争优势具有难以模仿性。企业组织知识及创造知识的能力被认为是企业可持续竞争优势的最重要源泉（Senge P. M.，1990；Ikujiro Nonaka，1995）。虽然学者们已做了一些相关研究，但各自对知识创造或知识创新能力的界定不同，研究目的不同，在研究过程中运用的变量也不同。本书将知识创造能力作为企业抗风险能力的一个维度，运用新的变量验证其与高技术企业竞争优势的关系。基于此，本书提出研究假设2——知识创造能力对高技术企业的竞争优势有显著的正向影响。

（三）知识整合能力与企业竞争优势之间的关系

Garud 和 Nayyar（1994）认为，单靠知识吸收能力并不能创造企业竞争优势，原始知识需要转化为对企业有用的知识。企业还要通过整合知识来强化自身的能力，知识整合能力可以弥补吸收能力的不足。高技术企业生产的是具有高知识含量的产品，这些知识可能来自不同的领域，甚至可能会分散在不同行业中。随着技术和产品的日趋复杂，能否整合不同领域甚至不同行业的知识对企业竞争优势的延续和提升有着重大影响。Boer 等（1999）指出，只有整合的知识才能引导企业面向市场开发新产品，以满足消费者不同的需求，企业的竞争优势来自对企业内外部知识的整合。Van Den Boseh 等（1999）指出整合的知识才能引导企业快速而有效地开发产品以满足不同的市场需求，企业的竞争优势来自知识整合。Zahra 和 George（2002）认为，企业通过知识整合，能够更灵活地抓住战略机遇，更容易提高创新绩效。李贞（2010）基于科技型中小企业的研究结果表明，企业的知识整合能力对创新绩效有直接的正向影响作用，而且吸收能力是通过知识整合这个中介变量来提升企业创新绩效的。按照知识资源基础理论的观点，知识整合的目的就是提升企业的核心竞争力。企业通过知识整合对其获取的内外部知识进行消化、吸收，转变成自身的知识体系，使得知识所蕴涵的价值实现最大化，而正是不断增值的知识使企业的竞争优势得以延续。因此，本书提出研究假设3——知识整合能力对高技术企业的竞争优势有显著的正向影响。

（四）组织知识与企业竞争优势之间的关系

当面临环境变化时，企业通过吸收能力获取外部知识，通过创造能力利用内部知识，并通过整合能力完成对原有的组织知识存量的重构和提升。重构和更新后的组织知识在企业中经过反复运用，形成企业的惯例。这些主要以惯例形式存在的企业独有的隐性知识，使企业能够为顾客提供比竞争对手更优质、更独特的产品和服务，有效提升了企业的竞争优势。Liebeskind 认为只有高效率地开发、利用和扩散组织知识，并能在内部积累和部署知识的企业才能够有效地获得竞争优势。King 与 Zeithaml 的研究发现，通过个人内隐知识的传递、转换，再逐渐内化而成的组织知识具有高度的内隐性、因果模糊性和难以模仿性，有助于提高组织绩效。简兆权等（2009）基于珠三角地区 102 家高科技企业的实证研究结果认为，组织知识是提升企业技术转移绩效的重要影响因素。徐彪等（2011）的研究证明，技术知识对新产品的市场绩效和创新效率都有显著正向影响。企业经过长期积累所形成的独特的组织知识流动性低、不易被复制模仿，可以为企业带来相对持续的竞争优势。因此，本文提出研究假设 4——组织知识存量对高技术企业的竞争优势有显著的正向影响。

（五）知识吸收能力与知识整合能力之间的关系

Grant（1996）的研究认为企业的吸收能力越强，越有利于将企业知识以共通的语言形式表达出来，从而促成知识整合。Kim（1998）指出吸收能力越强的企业，把握外界环境变化的能力也就越强，越有利于企业对外部新知识和原有知识进行整合。Grant（1996）认为知识整合的系统化能力、社会化能力以及合作化能力三个维度都与企业的沟通机制密切相关，而企业想要拥有更多的外部知识也必须借助吸收能力的沟通机制。Boer 等（1999）认为，企业知识整合能力的大小取决于其是否能有效收集外界信息，而信息的有效收集与企业的吸收能力密切相关。Tyler（2001）认为吸收能力能够促进知识整合这类技术能力的发展。Chesbrough（2003）认为，企业从环境中获取的外部有用知识越多，就越有利于提高对知识的整合水平。Giuliani 和 Bell（2005）认为单纯依靠吸收能力获取的知识往往具有地域性特征，其利用在一定程度上受限，必须通过整合才能使这些知识更好地转化为企业的竞争优势。李贞（2010）针对科技型中小企业的实证研究发现，吸收能力越强，越能促进企业对内外部知识的整合。因此，本书提出研究假设5——高技术企业的吸收能力对知识整合能力有显著的正向影响。

（六）知识吸收能力与知识创造能力之间的关系

有学者认为获取外部知识的吸收能力与企业内部的知识创造能力是并存的，而且外部知识的获取能促进内部知识的创造。分析一些学者提出的企业提升自身创新能力的路径，如 Mishra 和 Kim 等（1996）提出的"引进—吸收—改进"路径，以及魏江等（2002）提出的"技术模仿—技术消化吸收—自主创新"路径，都可以看出吸收外部知识是企业内部知识创造的先决条件。Jansen（2005）的研究也认为吸收能力是企业探索性创新和开发性创新的基础。对于自身知识基础薄弱的企业，对外部知识的吸收能力更是提升自身创造能力的重要基础。因此本书提出研究假设6——知识吸收能力对知识创造能力有显著的正向影响。

（七）知识创造能力与知识整合能力之间的关系

知识整合是指为了特定的目标，运用科学的方法对不同内容、不同来源、不同结构以及不同形式的知识进行综合运用，重组以形成新的知识体系的能力。关于知识创造能力和知识整合能力之间的关系，现有研究存在显著分歧，如 Grant（1996）、Teece（1997）等都十分强调知识整合能力有助于知识创造绩效的提高。而也有研究（Kogut B.，1992；Zahra S. A.，2002）认为知识整合中涉及的知识除来自企业外部之外，还来自企业内部。企业针对内部知识的创造能力越强，可提供企业进行整合的知识就越丰富，知识整合的效率也就越高。根据知识资源基础理论，广义的知识整合就包含了基于内部知识的创造过程。因此本书提出研究假设7——知识创造能力对知识整合能力有显著的正向影响。

（八）知识吸收能力、知识创造能力和知识整合能力与组织知识之间的关系

在企业发展过程中，组织知识将会不断积累。这些知识按存在形式可分为两类：一类是以文档、程序等形式存储、转移与扩散的显性知识；另一类是存储在少数人的头脑中，只在小范围有经验的员工之间传递的难以整理的隐性知识。无论是显性的还是隐性的，组织知识在未被利用时处于静态，静态的知识存量无法为动态环境中的企业带来竞争优势。Garud 与 Nayyar（1994）认为企业获取和运用知识可以激活技术知识存量，利用知识流量激活知识存量。Grant（1996）的研究认为吸收能力越强的企业，所拥有的知识存量就越多。知识需求主体找寻和获取知识的能力直接影响其获取知识的范围和路径，因而影响组织知识的积累。吸收能力越强，就越有利于将外部知识转化为企业的知识存量。获取外部知识是增加组织知识存量的重要途径，但企业通过外部获取的知识，如果没有转化为组织知识或嵌入企业之中，那么就很难保持它所带来的竞争优势。知识创造能力能激活静态的组织知识存量，实现组织的知识增值。知识整合中的系统化能力有利于提高组织成员工作的规范度，扩大共有知识存量。Teece 等（1997）认为知识整合能将个别知识系统化，扩大组织的知识存量，并且有利于将集合起来的知识融合到企业成员的心智系统中。不难推出，在组织与外部环境的交互中，企业的吸收能力及整合能力越强，所取得的知识也越多，越有助于组织持续性地进行学习，增加组织知识的积累。

企业的知识整合能力和内部知识的创造能力有利于企业将分

散的个人知识或具体性知识转化为嵌入性的组织知识。企业通过
"干中学""用中学""模仿中学"等活动实现知识的传播与使
用，在此过程中，由于知识的特殊属性，知识会源源不断地得到
积累和更新。知识吸收能力、知识创造能力和知识整合能力所带
来的外部知识和内部知识的增长，一方面为企业积累了新的知
识，增加了知识存量；另一方面新知识的进入也激活了组织的知
识存量。因此，本书提出研究假设 8——知识吸收能力对组织知
识有显著的正向影响；研究假设 9——知识创造能力对组织知识
有显著的正向影响；研究假设 10——知识整合能力对组织知识
有显著的正向影响。

二　概念模型的构建

根据上述对知识吸收能力、知识创造能力、知识整合能力、
组织知识与企业竞争优势之间关系的文献梳理和理论分析，本书
构建了以下基于知识的企业抗风险能力与企业竞争优势之间关系
的概念模型，如图 6 - 3 所示。

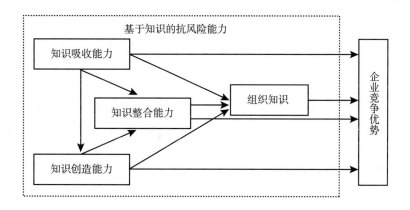

图 6 - 3　抗风险能力与企业竞争优势之间关系的概念模型

三　问卷设计

本研究所需要的实证数据是通过调查问卷来获取的。作为标度测量的一种复合表现形式，调查问卷是开展因果性研究重要的度量工具。

事实上，本研究的调查问卷包括了"基于知识的抗风险能力"和"企业竞争优势"两个分量表。整个问卷分为三个部分，第一部分为企业的基本情况，包括企业所属的行业范围、企业规模、企业性质、成立时间等企业基本信息；第二部分为基于知识的企业抗风险能力的测度量表，采用 likert 的 7 分制度量法进行调查；第三部分是企业竞争优势的测度量表，也采用 likert 的 7 分制度量法。

基于知识的企业抗风险能力的测度、实证研究中要用到的统计分析方法、问卷的发放对象和发放方式等数据收集方面的操作，以及对回收问卷的描述性分析结果已经在第四章第二节中进行了陈述，在此不再赘述。

第二节　企业竞争优势的测度

正确测度企业竞争优势是研究抗风险能力与竞争优势关系的基本前提。企业竞争优势是战略管理的重要研究内容。衡量一个企业的竞争优势通常可以从财务绩效和非财务绩效的两个角度进行客观或主观测量。但是无论从哪个角度来讲，竞争优势都是市场比较的结果，一个企业的竞争优势是其在市场竞争中超越竞争对手或持续高于行业平均盈利水平的一种相对市场表现。因企业的财务数据涉及商业机密，一般很难取得能确切反映企业财务绩效的客观数据。同时，绝对的财务绩效指标数据会受到具体行业因素的影响。高技术产业涉及多个行业，如果直接比较不同行业中企业的客观财务数据指标会产生对结论的误导，相比之下，主观测量显得更为灵活。而且有学者认为单纯用财务指标衡量企业竞争优势，无法解释竞争优势获取与可持续性的内在关系。因此，本书采用感知测量的方法，以某企业在其所属行业中的相对位置或与行业平均绩效的差异程度来衡量其竞争优势。Ketokivi 和 Schroeder（2004）的研究发现，尽管有系统偏差和随机误差的存在，但对企业绩效的感知测量方法仍然能够满足对信度和效度的要求。因此，在难以获取客观数据的情况下，利用感知测量方法来评价企业竞争优势仍是一种有效的方法。这种方法虽然带有主观性，但是能够揭示事物的本质，且数据也易于获取。在当前战略和管理领域中，有不少依赖感知数据来测量企业绩效和竞争优势的研究。

目前学术界并没有对高技术企业这一特定研究对象的竞争优势进行专门界定，在实际的研究应用中也不对一般企业与高技术企业的竞争优势进行明确区分。本研究就参考现有对一般企业竞争优势的测度方法，综合考虑企业的市场赢利能力和成长能力，从销售收入、利润水平、市场占有率、销售总额增长和利润增长五个方面来对企业竞争优势进行测度。前三项主要反映企业的现时竞争优势，后两项不仅反映了企业现时的竞争优势，而且也决定了企业未来的竞争优势。具体要求企业结合近三年的情况，在问卷中填写其与同行其他企业相比较的结果。企业竞争优势的测度量表见表 6 - 1。

表 6 - 1   企业竞争优势的测度量表

编号	问题项描述	1	2	3	4	5	6	7
CA1	本公司的年销售收入高							
CA2	本公司的利润水平高							
CA3	本公司的市场占有率高							
CA4	本公司的销售收入增长快							
CA5	本公司的利润增长快							

一   探索性因子分析

对企业竞争优势的测度量表进行探索性因子分析采用的是第一次问卷调查所收集的 106 份样本，探索性因子的具体分析方法与基于知识的企业抗风险能力测度相同，参见第四章第二节。

企业竞争优势量表的 KMO 测度和 Bartlett 球体检验结果如表 6 - 2 所示，KMO 值为 0.810，符合 KMO 值大于 0.7，且 Bartlett 值显著异于 0 的要求，适合进一步做因子分析。

表 6 - 2   企业竞争优势量表的 KMO 测度和 Bartlett 球体
检验结果 （N = 106）

Kaiser-Meyer-Olkin Measure of Sampling Adequacy.		0.810
Bartlett's Test of Sphericity	Approx. Chi-Square	320.560
	df	10
	Sig.	.000

然后进行探索性因子分析。采用主成分分析法，根据特征根大于 1、因子载荷大于 0.5 的要求，提取因子，旋转方法为最大方差法，旋转矩阵见表 6 - 3。

表 6 - 3   企业竞争优势量表的旋转矩阵 （N = 106）

Component	Initial Eigenvalues			Extraction Sums of Squared Loadings		
	Total	% of Variance	Cumulative %	Total	% of Variance	Cumulative %
1	3.410	68.199	68.199	3.410	68.199	68.199

如表 6 - 3 所示，抽取了 1 个因子，累积解释变异为 68.199%，说明具有良好的解释能力。

从因子载荷的分布结果看，5 个题项归入了同一因子，通过了探索性因子分析的效度检验。具体数据见表 6 - 4。

表 6 - 4　企业竞争优势量表的探索性因子分析结果　（N = 106）

题项	均值	标准差	Component
			1
CA1	4.60	0.912	0.849
CA2	4.82	0.964	0.808
CA3	5.08	1.021	0.916
CA4	4.82	1.012	0.927
CA5	5.00	0.976	0.908

然后测量企业竞争优势测度量表的信度。计算各题项－总体相关系数（CITC），以及每个变量的 Cronbach's α 值，观测删除每一个题项后 Cronbach's α 的变化情况。结果如表 6 - 5 所示，所有的 CITC 均大于 0.35，且各变量的 Cronbach's α 系数均大于 0.7，并且删除其他任何一个题项均会降低 Cronbach's α，可见各题项之间具有较好的内部一致性。

表 6 - 5　企业竞争优势量表的探索性因子分析
样本的信度检验　（N = 106）

题项	题项－总体相关系数（CITC）	删除该题项后 Cronbach's α	Cronbach's α
CA1	0.672	0.867	
CA2	0.571	0.889	
CA3	0.795	0.838	0.882
CA4	0.795	0.838	
CA5	0.759	0.847	

二　验证性因子分析

在通过了探索性因子分析之后，要进行验证性因子分析。验证性因子分析采用的样本为第二次数据收集工作所回收的 194 份有效问卷。首先还是要对验证性因子的样本进行信度检验，企业竞争优势量表的验证性因子分析样本通过了信度检验，结果见表 6-6，可以进行验证性因子分析。

表 6-6　企业竞争优势量表的验证性因子分析
样本的信度检验 （N = 194）

题项	均值	标准差	题项 – 总体相关系数（CITC）	删除该题项后 Cronbach's α	Cronbach's α
CA1	4.18	1.134	0.767	0.921	
CA2	4.51	1.148	0.714	0.931	
CA3	4.54	1.251	0.861	0.903	0.929
CA4	4.31	1.263	0.878	0.900	
CA5	4.48	1.301	0.849	0.906	

然后将数据导入 AMOS 软件进行验证性因子分析。对企业竞争优势的验证性因子分析测量模型及拟合结果分别如图 6-4、表 6-7 和表 6-8 所示。

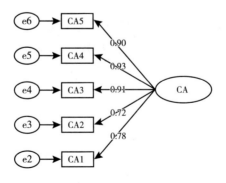

图 6-4　企业竞争优势的验证性因子分析

表6-7　企业竞争优势测量模型的拟合检验情况

路　径	路径系数	标准化路径系数	C. R.	p
CA1 <——CA	0.755	0.783	15.070	***
CA2 <——CA	0.706	0.723	12.968	***
CA3 <——CA	0.965	0.907	21.392	***
CA4 <——CA	1.000	0.932	——	——
CA5 <——CA	0.992	0.897	20.755	***

注：*** 表示显著性水平 $p < 0.001$。

表6-8　企业竞争优势测量模型的拟合指标数值

拟合指标	数　值	判断准则
χ^2	11.034	χ^2 不显著（$p > 0.05$），模型具有良好拟合度 $\chi^2/df < 3$，则 χ^2 不显著的要求可以忽略
df	5	
p	0.051	> 0.05，较好
χ^2/df	2.207	$2 < (\chi^2/df) < 5$，表示模型可以接受
GFI	0.979	> 0.9，显示拟合良好
NFI	0.986	> 0.9，显示拟合良好
IFI	0.992	> 0.9，显示拟合良好
TLI	0.985	> 0.9，显示拟合良好
CFI	0.992	> 0.9，显示拟合良好
RMSEA	0.079	< 0.08，表示模型合理适配

根据表6-7和表6-8中的数据，各路径系数均在 $p < 0.001$ 的水平上具有统计显著性。根据表6-8中所列的拟合指数及判断准则可知，该模型拟合效果较好，图6-4所示的因子结构通过了验证，即本研究对企业竞争优势的测度是有效的。

第三节　高技术企业抗风险能力与竞争优势关系的实证研究结果

一　相关分析

在进行结构方程模型检验之前，还需要对结构方程模型中所涉及的变量进行简单相关分析。通常假设中的两个变量应该具有较高的相关性，并且相关系数具有统计意义。相关分析结果如表6-9所示，本研究模型假设中的变量知识吸收能力、知识创造能力、知识整合能力、组织知识和企业竞争优势之间均存在有显著的相关关系。

表6-9 各变量间相关关系分析

	Correlations					
		KA	KC	KI	OK	CA
KA	Pearson Correlation	1	.628 **	.551 **	.579 **	.585 **
	Sig. (2 - tailed)		.000	.000	.000	.000
	N	194	194	194	194	194
KC	Pearson Correlation	.628 **	1	.686 **	.721 **	.651 **
	Sig. (2 - tailed)	.000		.000	.000	.000
	N	194	194	194	194	194
KI	Pearson Correlation	.551 **	.686 **	1	.721 **	.552 **
	Sig. (2 - tailed)	.000	.000		.000	.000
	N	194	194	194	194	194
OK	Pearson Correlation	.579 **	.721 **	.721 **	1	.642 **
	Sig. (2 - tailed)	.000	.000	.000		.000
	N	194	194	194	194	194
CA	Pearson Correlation	.585 **	.651 **	.552 **	.642 **	1
	Sig. (2 - tailed)	.000	.000	.000	.000	
	N	194	194	194	194	194

注：** 表示显著性水平为 0.01 时（双尾）相关显著。

二 初始结构方程模型拟合

本研究设计了初始结构方程模型，包括 33 个内生显变量，分别测度 5 个潜变量（知识吸收能力、知识创造能力、知识整合能力、组织知识和企业竞争优势）。

本书根据所采用的估计方法，从表 6-8 所示的拟合指数及判断准则中选取了几个具有较好稳定性的指标来评价整个模型的拟合程度。对初始结构方程的总体拟合情况如表6-10和表6-11所示。

表6-10 高技术企业抗风险能力与竞争优势关系的概念模型拟合情况

假设关系			路径系数	标准化路径系数	C. R.	p
KC	< ——	KA	.818	.675	8.067	***
KI	< ——	KA	.245	.224	2.725	.006
KI	< ——	KC	.523	.580	6.350	***
OK	< ——	KI	.334	.305	3.409	***
OK	< ——	KC	.473	.479	4.912	***
OK	< ——	KA	.087	.072	.926	.355
CA	< ——	KC	.360	.379	3.532	***
CA	< ——	KI	.026	.024	.264	.792
CA	< ——	OK	.200	.208	2.183	.029
CA	< ——	KA	.266	.231	2.821	.005

注：*** 表示显著性水平 $p < 0.001$。

表6-11 初始模型的拟合指标数值

拟合指标	数 值	判断准则
χ^2	892.357	χ^2 不显著($p > 0.05$),模型具有良好拟合度 $\chi^2/df < 3$,则 χ^2 不显著的要求可以忽略
df	485	
p	.000	< 0.05,较差
χ^2/df	1.840	$1 < (\chi^2/df) < 2$,显示拟合良好
IFI	0.923	> 0.9,显示拟合良好
TLI	0.915	> 0.9,显示拟合良好
CFI	0.922	> 0.9,显示拟合良好
RMSEA	0.066	< 0.08,表示模型合理适配

如表6-10和表6-11所示,该模型拟合结果显示,各拟合指标均在拟合可以接受或拟合良好的范围内。从表6-11所列的拟合指标及判断准则可以看出,虽然 p 值低于0.05,但当 $\chi^2/df <$

3，则 χ^2 不显著的要求可以忽略。本模型中 χ^2/df 为1.840，远小于3，可以判断为很好。对于模型的假设关系，共有8条路径的路径系数相应的 C. R. 值均大于1.96的参考值，在 $p < 0.05$ 的水平上是显著的，通过了假设检验；而有2条路径的 C. R. 绝对值小于1.96的参考值，未能通过假设检验，初始模型拟合情况结果见图6-5。

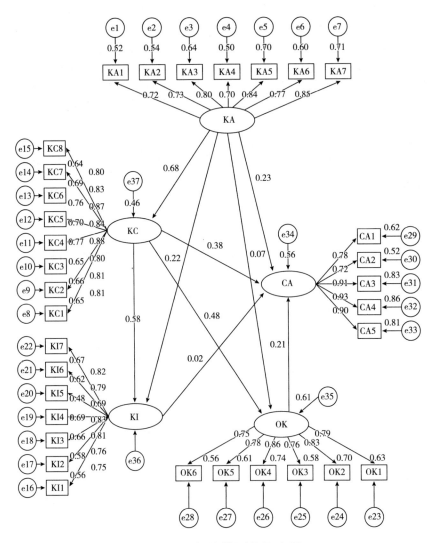

图6-5 初始模型的拟合图

三 结构方程模型的修正与确定

由于有 2 条路径未能通过假设检验，因此需要调整这些未通过假设检验的路径来对初始模型进行修正。对结构方程模型进行修正时，原则上每次只调整一个路径。根据表 6 – 10 中的数值可以发现，KI→CA 路径的 C. R. 值最小，显著性水平低，因而首先从模型中删除该路径，将数据重新导入 AMOS 软件进行拟合。比较拟合结果发现，修正后的模型总体拟合效果变化较小，各拟合指标均处于较好的范围内。但仍有 KA→OK 路径的显著性水平差，因此需要继续进行修正。重复上述修正过程，得到了各路径在 p < 0.05 的水平上显著的最终模型。最终模型的拟合结果如表 6 – 12 和表 6 – 13 所示。

表 6 – 12　修正后模型的拟合情况

假设关系			标准化路径系数	p
KC	< ——	KA	.678	***
KI	< ——	KA	.227	***
KI	< ——	KC	.578	***
OK	< ——	KC	.514	***
OK	< ——	KI	.325	***
CA	< ——	KC	.387	***
CA	< ——	KA	.237	.002
CA	< ——	OK	.218	.014

注：*** 表示显著性水平 p < 0.001。

表 6 – 13   修正后模型的拟合指标数值

拟合指标	数值	判断准则
χ^2	893.264	χ^2 不显著（p > 0.05），模型具有良好拟合度 $\chi^2/\mathrm{df} < 3$，则 χ^2 不显著的要求可以忽略
df	487	
p	.000	< 0.05，较差
χ^2/df	1.834	$1 < (\chi^2/\mathrm{df}) < 2$，显示拟合良好
IFI	0.923	> 0.9，显示拟合良好
TLI	0.916	> 0.9，显示拟合良好
CFI	0.922	> 0.9，显示拟合良好
RMSEA	0.066	< 0.08，表示模型合理适配

如表 6 – 12 和表 6 – 13 所示，修正后模型的拟合结果和初始模型的拟合数值相比有了些许改进，各拟合指标均在拟合可以接受或拟合良好的范围内。从表 6 – 13 所列的拟合指标及判断准则看，p 值仍低于 0.05，本模型中 χ^2/df 为 1.834，较初始模型优化，且 χ^2/df 远小于 3，则 χ^2 不显著的要求可以忽略。修正后模型中的 8 条路径的路径系数相应的 C. R. 值均大于 1.96 的参考值，在 p < 0.05 的水平上是显著的，全部通过了检验，因此本研究将修正后的模型确定为最终模型。修正后模型拟合情况结果见图 6 – 6。

四　研究发现与讨论

本研究通过对高技术企业的问卷调查数据和结构方程分析的实证研究方法，对基于知识的抗风险能力与企业竞争优势关系的概念模型进行了检验。结果表明，之前提出的大多数假设都得到了证实。各假设验证具体情况如表 6 – 14 所示。

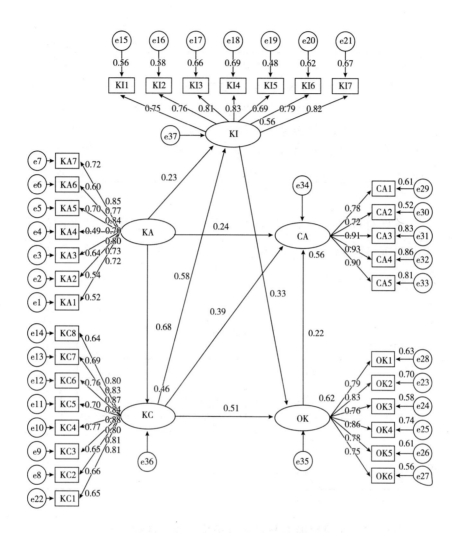

图 6 - 6　修正后模型的拟合图

表 6 - 14　模型假设检验通过的总体情况

假　设　描　述	检验结果
假设 1：知识吸收能力对企业的竞争优势有显著的正向影响	通　过
假设 2：知识创造能力对企业的竞争优势有显著的正向影响	通　过
假设 3：知识整合能力对企业的竞争优势有显著的正向影响	未通过
假设 4：组织知识对企业的竞争优势有显著的正向影响	通　过
假设 5：知识吸收能力对知识整合能力有显著的正向影响	通　过

续表

假 设 描 述	检验结果
假设6:知识吸收能力对知识创造能力有显著的正向影响	通 过
假设7:知识创造能力对知识整合能力有显著的正向影响	通 过
假设8:知识吸收能力对组织知识有显著的正向影响	未通过
假设9:知识创造能力对组织知识有显著的正向影响	通 过
假设10:知识整合能力对组织知识有显著的正向影响	通 过

根据对模型假设验证后的结果，对图 6 - 3 中所提出的基于知识的抗风险能力对企业竞争优势影响的关系模型进行了修正，修正后的关系模型见图 6 - 7。

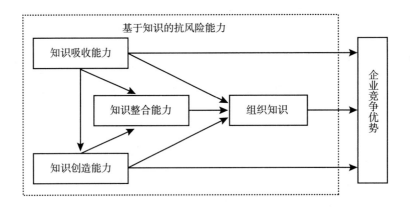

图 6 - 7　抗风险能力与企业竞争优势关系的模型（修正后）

（一）假设不成立的原因分析

经过结构方程的检验，发现有两个研究假设未获得通过，在此分别对其原因进行分析。

在构建概念模型时，本研究假设知识吸收能力对组织知识有显著的正向影响，但实证的结果是该假设未通过检验。虽然这一结果与预想不一致，表面上与一些现有的理论观点相背离，但结合我国高技术企业的发展实际，也可以从以下方面分析原因：企业获取外部知识的方式是多种多样的，如购买先进设备、引进外部技术、购买专利等，这些方式直接将企业外部的知识纳入企业内部的知识体系中，表面上能够使企业的知识存量在短时间内迅速增长。虽然所引进的知识是比较成熟的，但由于企业没有参与知识产生的全过程，知识的嵌入性和路径依赖性会使得引进的知识，尤其是其中的隐性知识较难被企业充分利用并转化为自身的组织知识，并且由于企业自身不具备继续创新这些知识的基础，知识老化的可能性也较大。知识本身并不必然产生价值，有些企业花费高昂的成本引进外部知识，但如果不能将其转化整合纳入自身的知识体系，就没有真正实现组织知识的积累，因此吸收能力对组织知识的贡献有限。这一结论与现实中的观察也是基本相符的。当前我国企业的自主创新能力普遍不足，面对激烈的市场竞争和充满不确定性的自主创新过程，一些企业急功近利，为了快速取得竞争地位，购买先进设备、直接引进外部技术或购买专利等，但由于不掌握核心技术，因此无法形成企业自身的知识积累，往往导致企业产生技术依赖，陷入"引进—落后—再引进—再落后"的困境。

本研究根据理论分析，在构建概念模型时提出知识整合能力对企业竞争优势有正向影响关系的假设，但实证的结果是该假设未通过检验。一些学者的理论研究（Grant R.，1997；Nahapiet J.，1998；Hargadon A.，2003）认为，由于知识整合机制的复杂性和难以模仿性，知识整合能力成为影响企业竞争优势的一项关键性能力，有一些基于单个案例的实证研究（Rebecca Henderson 等，1994）也得出了类似结论。作为对以往研究的有益拓展，虽然本研究基于问卷调查的实证分析结果显示，知识整合能力对企业竞争优势有正向影响关系的假设不成立，但结合当前企业的管理实践对此可以解释为：知识整合能力的含义不仅包括对不同知识的集合，而且还涉及知识的共享与扩散。在 Garud（1994）的研究中就提出，有效收集信息并促进知识在企业内部各部门之间扩散共享的能力直接影响着企业知识整合能力的大小。Nonak 的研究也指出，知识共享对组织绩效起着关键的作用，如果企业能够在主观和客观因素的交互作用下实现员工之间的知识共享，将有利于实现组织的不断创新和绩效的提升。谢永平等（2011）的实证研究也表明，知识共享能够显著提升企业的创新能力和创新绩效。从理论上讲，由于知识自身的可共享属性，知识并不会因共享和扩散而减少，但实际中，如果没有合适的激励和保护机制，知识的共享和扩散必然会影响知识所有者的利益。而当前我国对知识和知识产权保护的环境还不健全，出于对利益的担忧，无论是在企业层面还是个人层面，知识整合的功能多片面地停留在对知识的集合运用方面，没有充分形成知识的共享和扩散，因而对企业竞争优势的贡献不显著。另外，从概念模型的各项假设关系中可以看出，知识整合能力对组织知识有正向影响关系的假设和组织知识对企业竞争优势有正向影响关系的假设都是成立的，即可以认为知识整合能力通过组织知识的中介作用对企业竞争优势产生了影响。这一研究结论的启示是，尽管知识整合能力对企业有重要的影响，但其对企业竞争优势的作用是间接的，发挥作用的关键是要将整合的知识充分融入企业自身的组织知识结构。为了充分发挥知识价值，知识整合能力将各种分散于企业内外部的离散的知识资源重组。在此过程中，新近获取的知识会与原有知识相互耦合，充分内化为企业自身的组织知识，同时企业原有的组织知识存量被激活，并进一步产生新的知识，使企业内部的组织知识总量增加。知识只有经过整合，形成组织知识，并通过组织知识这个企业的内生能力，才能影响企业的竞争优势。

（二）假设成立的理论解释

在本研究构建概念模型时提出的假设中，通过实证验证的有八条假设。

1. 知识吸收能力对企业的竞争优势有显著的正向影响

本研究根据理论分析，在构建概念模型时提出知识吸收能力对企业竞争优势有正向影响关系的假设，实证研究结果也证实了这一假设成立。

虽然从现有文献看，多数观点认为吸收能力是企业竞争优势的重要来源，但如果仔细分析会发现，诸多研究关于吸收能力各个构成维度的认识是不一致的。本书所研究的知识吸收能力主要是指识别、获取和利用外部知识的能力。当前高技术企业面临的环境动态性增强，良好的知识识别和获取能力是企业对外部环境变化迅速作出反应的基础。如果企业没有获取外部知识的能力，就不可能获取外部的有用信息，更不可能对外部知识进行消化、转化和利用。技术创新是高技术企业竞争优势的根本来源，而随着技术复杂程度的增加，无论是自主创新，还是模仿其他企业的创新成果，企业都需要从各种外部关系中获得信息、引进技术，而这都有赖于企业对外部知识的吸收能力。Woiceshyn 等（2005）经过对加拿大石油公司的研究发现，当面临行业技术革新时，能迅速赢得商业业绩的通常是那些具有高吸收能力的公司，而吸收能力较差的企业却明显地遇到了困难。吸收能力成为企业应对外部技术变革并取得成功的关键因素，这与我国成为世界上的技术引进大国的现实也是一致的。国内学者张韬

（2009）经过对 165 家企业的实证研究也发现知识吸收能力与企业竞争优势有显著正向相关关系。本假设的验证结果与多数研究知识吸收能力的文献结论一致，这也充分说明了吸收能力有利于高技术企业在动态变化的环境中迅速获取有关技术和知识，进而赢得竞争优势。

2. 知识创造能力对企业的竞争优势有显著的正向影响

本研究根据理论分析，在构建概念模型时提出知识创造能力对企业竞争优势有正向影响关系的假设，研究结果也证实了这一假设成立。

知识经济时代，企业的竞争形势更为严峻，单纯通过吸收外部知识被动应对环境变化的方式是远远不够的。企业更重要的是挖掘自身的知识资源，通过内部创造形成独特的顾客价值实现手段。将企业内部创造产生的新知识迅速应用到企业实践中，能够改善企业流程，提高效率。知识创造能力通过将企业已获取的知识进行再加工，使企业积累了许多宝贵的经验和隐性的知识，实现了知识的升华和增值，从而也使企业拥有的各种知识资源有效地转化成企业的竞争优势。

作为知识的内部创造方式，高技术企业的自主创新是积聚前沿知识和最新科技并实现技术或产品商业化的知识创造过程，在高技术企业的发展中具有重要的核心作用。戴大双等（2003）的研究认为创新会对高技术企业产生经济效应、技术效应和组织效应，对提高企业竞争力发挥着多重功效。从本研究的结果看，知识创造能力对企业竞争优势影响的路径系数远远大于知识吸收能力和组织知识对企业竞争优势影响的路径系数。这一结论也较好地反映了当前知识经济时代，在高技术领域，知识创造已成为企业维持和提升竞争优势的关键因素。

3. 组织知识对企业的竞争优势有显著的正向影响

本研究根据理论分析，在构建概念模型时提出组织知识对企业竞争优势有正向影响关系的假设，研究结果证实了这一假设成立。

知识必须通过积累才能发挥作用，知识积累的结果是组织知识的增加。组织知识可以组织中的人、物、组织结构以及市场为载体。组织知识存量大的企业通常拥有一流的人才、先进的技术设备、高效的组织结构和丰富的市场知识，而这些都是企业竞争优势的重要来源。组织知识在企业核心能力形成中具有重要的作用，是企业获得持续竞争优势的先决性基础条件。组织知识因其难以模仿的特征而成为企业获取竞争优势的关键资源。在企业中，显性知识通常是和隐性知识结合在一起共同发挥作用的，竞争对手可能模仿到组织知识中的显性部分，而不易被编码的隐性知识则难以被模仿。而且嵌入组织流程当中的默会知识往往是伴随着某个实践过程，如果没有亲自参与这个活动过程，就很难体验到这些知识，更谈不上模仿了。另外由于知识的作用存在因果关系的模糊性，竞争对手无法确切地知道要模仿什么以及如何模仿，从而保持了企业知识的异质性，随着组织知识的不断增加，知识优势逐渐转化为企业的竞争优势。

有研究认为组织中的知识存量对创新活动有着重要影响，随着知识存量的增长，企业的创新活动会进一步活跃，因此组织知识积累是企业的中心任务，也是企业获取竞争优势的关键。一个企业的知识存量决定了其配置资源的能力，并通过企业的产出及市场力量，最终体现为企业的竞争优势。充分获取和保存顾客知识，并从中挖掘出新知识，有利于企业建立以顾客为导向的竞争战略，从而保持企业竞争优势。组织知识存量能直接或间接为企业创造价值和效益，体现了企业的竞争能力。基于对 17 个 OECD 国家中四类制造业企业的研发投入强度与企业增长关系的研究，Hulya Ulku（2007）认为，知识存量是企业增长的决定因素之一。这些从不同视角进行的研究和本书的研究得出了一致的结论，也可以说本书通过对我国高技术企业的大规模实证分析验证了上述各理论观点。

4. 知识吸收能力对知识整合能力有显著的正向影响

知识吸收能力对知识整合能力有显著的正向影响这一假设在实证研究中得到了验证。

整合的知识既来自企业外部也来自企业内部，因此企业对外部知识的吸收能力越强，可用于整合的知识也就越丰富。通过吸收能力，企业获取了外界知识，即使这些知识进入企业后可能仍以原来状态存在，在性质上还未发生实质性变化，但为知识在企业内部的进一步创造和整合提供了基础和必要条件。企业的知识吸收能力是知识转化的第一步，是知识创造与知识整合的基础和前提。从外部获取的新知识必须通过整合，融入企业现有知识结构中，并内化为自身的组织知识，才能发挥作用，这一研究结论的启示是，尽管知识吸收能力与企业竞争优势之间有正向相关关系，但在实践中由于知识吸收能力与知识整合能力之间的相关关系，高技术企业在进行知识吸收时，还要充分利用企业自身的知识整合能力，将引进的新知识进行消化、内化，转化为企业的内生能力，才能最终建立起持久的竞争优势。

5. 知识吸收能力对知识创造能力有显著的正向影响

本研究根据理论分析，在构建概念模型时提出知识吸收能力对知识创造能力有显著的正向影响的观点也得到了验证。企业的外源性知识和内源性知识之间并不能相互替代，外源性知识的获取对内源性知识的创造有促进作用。企业通过吸收能力获取的外部知识越好，可供内部知识创造的知识基础也就越好。培养企业创新能力的关键是企业对外界知识信息的获取与同化能力。企业通过吸收能力获取的新知识，在增加知识存量的同时，与企业中原储备的知识相结合，激活原有知识存量，从而提高企业的知识创造能力。现有研究中将发展中国家的企业技术能力演化过程大致分为引进、吸收、改进和创造等阶段的观点也表明对于外部知识的吸收能力对内部知识的创造能力有积极影响。韩国企业从模仿到创新的发展模式是很好的例证，而日本经济的发展也经过了从技术引进、模仿到自主研发的过程。在模型各假设的路径系数中，知识吸收能力和知识创造能力之间的路径系数最大，而从这一点可以看出，当年日本和韩国企业的发展模式正在中国企业身上体现出来，在高技术企业中对外部知识的吸收已成为知识创造能力的重要基础和支持。

6. 知识创造能力对知识整合能力有显著的正向影响

本研究根据理论分析，在构建概念模型时提出知识创造能力对知识整合能力有显著的正向影响的观点也得到了验证。

在现有的研究中，知识创造和知识整合的内涵界定和相互影响关系尚不明确。一方面，在一些学者的研究观点中知识创造和知识整合是内容上十分相近的概念，如熊彼特所提出的创新的源泉之一是企业内资源的重新组合，这种内部资源的重新组合与知识整合中"整合"的意思十分接近。Kogut 和 Zander 的观点认为，企业持续地进行知识再组合并不断应用于新的市场机会中，是企业既能发展自己又能阻止竞争对手模仿的唯一途径，而这里知识的再组合和新应用既涉及知识创造，也涉及知识整合的概念。另一方面，Fong P. 等（2003）学者认为企业要实现知识创新必须先进行知识的整合，知识整合是创造新知识的前提。

本研究通过对高技术企业的大规模实证研究，认为知识创造能力对知识整合能力有显著的正向影响。对此可以解释为，在知识整合概念中，不同来源和不同形态的知识都是知识整合的对象，因而内部知识也是知识整合的基础。作为知识技术密集型企业，高技术企业十分重视内部知识的创造。知识创造能力是在对内部知识的生产和转化基础上，不断产生新知识。知识创造能力越强意味着可供企业进行整合的内部知识资源越丰富，知识整合发生的可能性也就越大。

7. 知识创造能力对组织知识有显著的正向影响

本研究根据理论分析，在构建概念模型时提出知识创造能力对组织知识有显著的正向影响的观点也得到了验证。

企业的"干中学"是增加组织知识存量的重要活动，"干中学"主要体现为企业在创新和生产实践中，通过不断地内部创造获取新知识和积累新经验，其本质上就是企业内部的知识创造过程。企业通过知识创造产生大量的新知识，融入企业自身的知识体系，从而促进组织知识存量增长。

自主研发和合作研发是我国高技术企业内部知识创造的主要方式。由于自主研发所取得的成果能够确保企业在技术上的独特性和领先地位，因而对企业增加自身的组织知识存量作用最为直接。而合作研发的方式不仅可以充分利用外部资源，最大限度地获取企业所需的知识，而且由于企业自身的参与，企业能清晰地掌握和理解新知识，知识中所蕴藏的价值也能够被充分地利用。因此无论是自主研发还是合作开发，知识创造所带来的知识增量全部或部分产生于企业原有的知识体系中，并且企业亲身参与了新知识孕育、产生和转化的全过程。企业不仅对于其中的显性知识和隐性知识都能很好地掌握，增长的知识存量自然而然地是组织知识的一部分，而且企业具有很好的防止知识老化和促进知识进一步更新的知识基础，能有效地确保组织知识的增长及其价值的发挥。

在本研究的模型中，比较知识吸收能力、知识创造能力和知识整合能力与组织知识之间的路径系数可以发现，知识创造能力和组织知识之间的路径系数在三者之中最大，从这一点可以看出，知识创造能力对组织知识的贡献最大，这与目前我国高技术企业普遍注重创新的特征也是一致的。

8. 知识整合能力对组织知识有显著的正向影响

本研究根据理论分析，在构建概念模型时提出知识整合能力对组织知识有显著的正向影响的观点也得到了验证。

如前文的分析，技术知识和市场知识是高技术企业组织知识的重要组成部分，而这些知识既可能分散于企业外部的各类组织中，也可能分布于企业内部的各个部门中。技术知识通常来源于同行企业、大专院校、科研机构、供应商、客户或内部员工，市场知识往往集中于客户或同行企业中，因此企业需要整合不同来源和用途的知识。知识整合能力通过对不同知识的交叉重组，促进知识的流动、共享和利用。从知识流动的角度看，知识整合能力有利于促进不同知识主体间的知识流动。与其他物质的转移不同，知识在各主体之间的流动，不仅可以增加流入方的知识量，而且知识流出方的知识量也并不会减少，因而知识整合能力通过加快知识流动促进组织知识的增长。在知识的利用过程中，知识不会越用越少，知识的整合利用反而可以导致新知识的产生，增加知识的存量。在知识的共享过程中不同来源和类型的知识会相互激发反馈，不仅不会随着共享而损耗，反而会因共享反馈促进新知识的产生，从而实现组织知识存量的增长。

当前技术创新的复杂程度大大提高，高技术企业的创新过程中往往需要使用到多种互补的专业知识，这些知识被整合运用贡献于组织知识存量。本研究也实证验证了知识整合能力有助于企业形成相应的组织知识积累。

五　基于知识的高技术企业抗风险能力与竞争优势关系的讨论

本研究通过实证发现，基于知识的抗风险能力的各构成要素对竞争优势的作用是不同的。在构成抗风险能力的四个要素中，组织知识是企业运用知识和积累知识的结果，是一个存量，而不是过程本身；而知识吸收能力、知识创造能力和知识整合能力则是吸收和产生新知识，并利用新的知识增量来激活组织知识存量的一系列过程与活动。以人、财、组织结构和市场等为载体的组织知识是企业抵御风险、获取竞争优势的静态基础，任何企业的运营活动都与一定的组织知识存量相对应。知识不会因为使用而减少，在利用的过程中反而会得到积累和增加。但是单纯静态的知识存量的积累容易造成组织惰性、刚性和路径依赖等影响企业可持续发展的问题。而且环境的变化，如技术的更新换代、消费者需求的变化也会对企业现有组织知识存量的有效性提出挑战。为了缩小或消除新环境所要求的知识存量与企业现有组织知识存量之间的差距，企业需要不断地从外界获取新知识，这些新知识激活企业内原有知识存量，新旧知识相互作用、整合重组过程中发生耦合和涌现，进一步产生更多新的知识。知识吸收能力、知识创造能力和知识整合能力正是通过这些活动，帮助企业有效地发掘外部知识资源，提高内部知识资源的利用效率，源源不断的知识增量增加了企业中的组织知识存量，并使其发挥最大作用。知识具有路径依赖性，企业对竞争优势来源的寻找也是具有路径依赖性的，这也就意味着如果企业中某一存量知识能为企业创造竞争优势，那么这种优势将由于企业增量知识的产生而得到保持，进而实现竞争优势的可持续性。企业抗风险能力的本质是知识，对知识的不断更新就意味着对能力的不断更新。在企业对知识进行吸收、利用和创新以形成企业能力的过程中，知识总是以存量知识和流量知识两种状态存在。企业中的存量知识所表现的完整性、过程性和不确定性会导致路径依赖，形成能力刚性，也就是常说的核心刚性。知识获取渠道的拓展、创新力度的加强和传递整合速度的加快导致增量知识的增加，对新知识的敏感性加强了企业感受环境变化、捕捉市场先机的灵活性，也就是常说的柔性。因此，由以上分析可以得出结论：企业抗风险能力对企业竞争优势的影响是组织中存量知识和增量知识的共同作用。组织知识存量给企业带来的位势有利于企业建立刚性、抵御风险、获取竞争优势。然而随着技术的发展变革和消费者偏好的变化，知识会老化，曾经作为企业竞争优势的资源也会退化，因此企业仅仅拥有静态的资源是远远不足的，还需要吸收能力、创造能力和整合能力形成增量知识，实现企业能力的更新，以应对环境的变化，并获取可持续的竞争优势。而且从本研究的实证结果看，吸收能力、创造能力对竞争优势作用的路径系数均大于组织知识与竞争优势之间的路径系数。由此也可以认为，从知识的视角看，在高技术企业抗风险能力的构成要素中，动态要素（吸收能力、创造能力和整合能力）对企业竞争优势的作用要大于静态要素（组织知识）的作用，这一结论不仅验证了 Kogut 和 Zander 所提出的企业所拥有的知识决定了企业能力与经营边界，为了保持竞争优势，一般企业还会采用吸收外部资源和内部自我发展的策略的观点，而且也与当前高技术企业面临的环境的高度动态性现实是一致的。

第四节　本章小结

探索动态环境下企业能力对企业竞争优势的形成或作用机理，仍然是战略管理领域面临的难题。本章根据第四章提出的基于知识的企业抗风险能力的构成要素的理论观点，以及对现有企业知识和能力与竞争优势关系的相关研究文献的整理，构建了一个由十个假设构成的基于知识的抗风险能力与企业竞争优势关系的概念模型。为了顺利开展实证研究，采用管理学中规范量表的构建方法设计了调查问卷。严谨的概念测度是定量化实证研究的基础。基于知识的企业抗风险能力与企业竞争优势两个测量模型的确定是揭示基于知识的企业抗风险能力与企业竞争优势关系的基础和保证。本书在第四章中已确定了基于知识的企业抗风险能力的测量模型，本章利用对高技术企业的两次调查问卷所收集的样本数据对企业竞争优势的测度量表进行了探索性因子分析和验证性因子分析，获得了拟合效果较好的企业竞争优势的测量模型。然后，通过结构方程技术对基于知识的抗风险能力与企业竞争优势的关系概念模型进行了实证检验。总体拟合检验结果显示，构建概念模型时所提出的十个假设中有八个通过了验证。对于通过实证验证的八个假设，本章逐一结合现有文献讨论了本研究结论对现有研究观点的证实和支持，并揭示了本研究的新发现。同时，本章还结合理论和实践对未通过实证验证的假设进行了相应的解释和探讨。由于概念模型整体拟合良好，基于知识的高技术企业抗风险能力与竞争优势的关系得到了揭示。基于知识的高技术企业抗风险能力对竞争优势有积极的影响作用，但抗风险能力的各构成维度对竞争优势的作用是不同的，吸收能力、创造能力和组织知识对企业竞争优势有直接的积极作用，而知识整合能力通过组织知识的中介作用间接影响竞争优势。

第七章　结论与展望

本书以企业能力理论、知识管理理论及战略管理理论为基础，通过梳理有关企业在动态环境下应对环境变化、抵御风险能力的相关研究，以"知识"作为本研究的视角，构建了基于知识的企业抗风险能力的理论研究体系。从知识的视角对企业抗风险能力的内涵、构成要素、测度、演化过程，以及企业抗风险能力与竞争优势的关系等问题进行了深入系统的研究。本章主要对全书的主要研究结论进行总结，并指出本研究的局限性和今后的研究方向。

第一节　研究的主要结论

知识经济时代，随着环境动态性的增加，企业之间的竞争越来越激烈，知识也成为企业抵御风险、应对环境变化的关键资源。面对环境中不确定性风险因素不断增加的严峻挑战，高技术企业作为知识经济时代的一种重要企业组织形式，其抵御风险和获取竞争优势的能力并不乐观。要想解决这一现实问题，需要揭示企业抗风险能力的内涵及本质、抗风险能力本身运行的内在规律及其对企业竞争优势的主要影响路径。本书针对以上研究问题构建了基于知识的企业抗风险能力的理论研究体系，以高技术企业为研究对象，利用调查问卷收集数据，并利用因子分析、结构方程模型等方法进行实证检验。实证检验结果显示本研究提出的基于知识的高技术企业抗风险能力的构成维度是有效的，并验证了抗风险能力对竞争优势的作用。研究发现企业抗风险能力的各构成维度对竞争优势的作用是不同的，吸收能力、创造能力和组织知识对企业竞争优势有直接显著的正向影响，整合能力则必须通过组织知识的中介作用间接影响企业竞争优势。

主要研究结论如下。

（1）企业抗风险能力可以表述为一个企业在面临环境的不确定性变化时，对其所拥有的内外部资源和能力进行协调、更新，以抵御风险，实现与外界环境协调发展的能力。企业抗风险能力具有耐受环境变化和适应环境变化的两个功能层面。抗风险能力具有价值性、知识性、整合性、动态性、独特性、延展性和路径依赖性的特征。它和企业的竞争力、核心能力、创新能力、动态能力等概念既有区别又有联系。企业抗风险能力的本质是知识。对企业抗风险能力知识本质的揭示，为后续有关基于知识的企业抗风险能力的构成要素、演化过程及其与竞争优势作用关系的研究奠定了基础。

（2）基于知识的企业抗风险能力由知识吸收能力、知识创造能力、知识整合能力和组织知识四个要素组成。

基于对企业抗风险能力知识本质的揭示，本研究选择了从知识的独特视角研究企业的抗风险能力。借鉴现有知识基础理论和企业能力理论的研究观点，从知识的动态和静态两个维度对企业抗风险能力的构成要素进行了划分。将知识视角下的企业抗风险能力划分为知识吸收能力、知识创造能力、知识整合能力和组织知识四个构成要素。知识吸收能力、知识创造能力、知识整合能力是基于知识的企业抗风险能力的动态构成要素，它们体现了企业适应环境变化所需的柔性；组织知识是企业抗风险能力的静态构成要素，它体现了企业耐受环境变化所需的刚性。为了检验理论观点的正确性，也为了进一步探索企业抗风险能力与竞争优势之间的关系，本研究设计了基于知识视角的高技术企业抗风险能力的测度量表，该量表通过相应的实证研究验证证明是有效性的。

（3）企业抗风险能力的演化本质上就是知识的演化过程，由感知、变异、选择、复制和保持五个阶段构成。企业抗风险能力的演化表面上是企业能力的提升、替代和重构，而其本质则是企业通过不断从外部吸取新知识，同时也不断从自身产生新知识，以形成新的知识组合，应对环境变化。在演化循环中，企业知识经历着由个人知识向组织知识、由显性知识向隐性知识，以及由特殊性知识向整合性知识和配置性知识的转变。每个循环的结果都是企业抵御风险能力的进一步提升，相应地产生企业竞争优势的新来源。个体因素、组织因素和外部环境因素是企业抗风险能力演化的主要推动因素。

（4）本研究通过对云南省的一家知名高技术企业——昆明船舶设备集团有限公司的典型案例研究验证了基于知识的企业抗风险能力的演化过程的理论观点。昆船公司的企业实践同时也证明，基于知识的企业抗风险能力的演化促进了企业绩效和竞争优势的提升。

（5）基于知识的抗风险能力对高技术企业竞争优势有正向

影响作用。为了揭示基于知识的抗风险能力对高技术企业竞争优势的作用关系，在分析了抗风险能力各构成要素之间的关系以及其与企业竞争优势之间的关系的基础上，本研究构建了以知识吸收能力、知识创造能力、知识整合能力和组织知识为关键变量的企业抗风险能力与竞争优势的关系模型。然后进行了问卷调查，在对量表信度和效度检验的基础上，分别确定了基于知识的企业抗风险能力和企业竞争优势的测量模型，并通过结构方程模型对相关理论假设进行验证。实证结果表明，基于知识的抗风险能力与高技术企业竞争优势关系的概念模型通过了实证检验。通过对各要素之间路径系数的分析可以看出，知识吸收能力、知识创造能力和组织知识对高技术企业的竞争优势有直接的积极作用，其中动态要素（吸收能力、创造能力和整合能力）对企业竞争优势的作用要大于静态要素（组织知识）的作用，知识创造能力对高技术企业竞争优势的作用最为显著，而知识整合能力通过组织知识的中介作用间接影响竞争优势。

第二节　相关启示

从概念上看，企业抗风险能力是一个抽象的综合概念，但是当本研究从知识的视角将企业抗风险能力划分为知识吸收能力、知识创造能力、知识整合能力和组织知识四个构成要素之后，企业抗风险能力的内涵变得清晰了。加之本研究成功开发了基于知识的企业抗风险能力的测度量表，为定量研究提供了可观测和可操作的工具，有利于推动企业抗风险能力的评价和相关实证研究的开展。

面对环境动态性的不断增加，越来越多的企业关注抵御风险能力和维持竞争优势能力的培育。本研究以高技术企业的问卷调查数据为基础，基于理论与实践相结合的思路，通过定量化的实证研究，揭示了基于知识的企业抗风险能力与竞争优势的关系。结合我国当前的发展情形，可以得到以下几点启示。

（1）重视并加强对基于知识的企业抗风险能力的培育和提升

知识已成为知识经济时代企业最具战略价值的核心资源。高技术企业是高知识和高风险的集合体，知识在高技术企业抵御风险和获取竞争优势过程中的作用越发凸显。本研究通过实证研究证明知识吸收能力、知识创造能力和组织知识对高技术企业的竞争优势有显著的直接作用，这表明影响企业竞争优势的不仅仅是企业所拥有的组织知识存量，还有对外部知识资源的吸收能力和对内部知识资源的创造能力。然而在当前动态多变的环境中，知识的动态更新能力比静态的知识存量对企业竞争优势的影响更为显著。这对于处于后发状态、力图采用跨越式发展战略的多数中国企业来说具有特别的启示意义。高技术企业应重视培育和提升基于知识的企业抗风险能力，尤其应重视对外部知识的充分吸收和对内部知识的持续创造，尽快摆脱知识资源存量方面的劣势，实现跨越式发展。

（2）自主创新是高技术企业持续竞争优势的最重要来源

从本研究概念模型的验证数据中可以看出，知识创造能力对企业竞争优势影响的路径系数远远大于知识吸收能力和组织知识对企业竞争优势影响的路径系数。企业对知识的内在创造能力是影响竞争优势的最主要因素，这一结论较好地反映了当前知识经济时代，在高技术领域，知识创造能力已成为企业维持和提升竞争优势的关键因素。

本研究的实证数据还显示，基于对外部知识获取的知识吸收能力对组织知识的贡献不显著。该结论验证了我国当前的一个客观现实：一些企业不注重自主创新，依赖合资合作或购买的方式引进先进技术，表面上看可以迅速提升企业的竞争优势，但由于不掌握关键核心技术，从外部获取的知识并不能有效地转变为企业自身的组织知识，无法通过企业的内生能力维持竞争优势。

内因的作用才是企业保持竞争优势的根本，因此高技术企业应当探索多种途径，有效激发知识创造能力，提升自主创新能力，实现企业的可持续发展。

（3）正确认识知识整合的作用，提升企业知识整合能力

现有理论和实证研究显示，知识整合机制的复杂性和难以模仿性，使得知识整合能力成为影响企业竞争优势的一项关键性能力。虽然本研究根据理论分析，在构建概念模型时提出的知识整合能力对企业竞争优势有正向影响关系的假设未能通过实证检验，但并不能否定知识整合能力对高技术企业竞争优势的重要作用。该研究结论恰恰说明了样本企业普遍对知识整合的关注不足，知识整合能力没能发挥其对企业竞争优势应有的贡献作用。基于此，高技术企业应当充分利用当前经济全球化带来的标准的通用性、技术的模块性和沟通的便利性等各种有利条件，通过知识整合提升企业的竞争优势。

总之，本研究的结论及启示为当前我国的高技术企业深刻认识企业抗风险能力的知识构成，探索基于知识的企业抗风险能力的提升途径，进一步培育和提升企业在动态环境中的持续竞争优势提供了一定的指导。

第三节　研究的局限

囿于主观能力和客观资源，本研究不可避免地存在较多局限和不足之处，有待于在未来的相关研究中进一步完善。这些研究局限主要体现在如下几方面。

（1）未针对行业的特点进行深入分析

高技术企业有一定的共性特征，但由于高技术产业涉及多个行业，因此每个行业中企业的知识结构和知识需求会有不同。本研究在探讨各变量之间的关系时，只考虑了研究结果的普遍性，未能针对每一行业的具体特征进行分析。在后续研究中，可以考虑分行业，针对不同类型和不同生命周期阶段企业进行比较研究，从而为企业提供更有针对性的参考指导。

另外由于企业调研的困难性，本研究的实证样本多数为云南省内的企业。从目前我国高技术企业的地区分布看，高技术企业在东部地区呈现很高的地理集中度，产值占全国的 80% 以上。地域覆盖面的限制使本研究获得的调查数据可能存在一定的地区性特征，样本的代表性不足，今后可尝试在更大范围内对该模型进行验证和修正。另外，本研究只采用了单纯的截面数据，将来如果条件允许，可考虑获取纵向数据以进一步验证模型的有效性。

（2）未探讨组织知识存量的前因作用

在构成企业抗风险能力的四个要素中，组织知识是一个存量，知识吸收能力、知识创造能力和知识整合能力为企业带来的是知识的流量。而随着知识流量的增加，组织知识存量也在增加。但另外，由于知识的路径依赖特征，知识的吸收、创造和整合离不开对企业原有的组织知识基础的依赖，不同的知识结构和属性会导致知识演化的不同方向。某时点上企业的知识存量无疑是企业进行下一步知识吸收、知识创造和知识整合的平台和基础。组织知识的两面性使其既能为企业带来竞争优势，又可能给企业造成惯性，阻碍企业的创新。因此考虑到创新对高技术企业的重要意义，本研究不考虑知识的路径依赖性，没有将组织知识存量作为知识吸收能力、知识创造能力和知识整合能力发生作用的前因进行考虑。并且，本研究的实证结果验证了知识创造能力和知识整合能力对组织知识存量有正向相关作用。

（3）未探讨抗风险能力与竞争优势的共演化特征

本研究通过实证研究证明了基于知识的抗风险能力对企业竞争优势有显著的正向影响作用，但在企业不断构建和提升竞争优势、成功适应环境变化的过程中，企业的知识得到不断积累，其抵御环境风险的能力也不断提升。抗风险能力与竞争优势之间似乎存在一定的共生演化的特征。然而从研究方法上看，对潜变量之间互为因果关系的检验是个较为复杂的问题。虽然从理论上说本研究所利用的结构方程技术可以处理这类非递归的关系，但现有相关文献中可供参考的例子极少，因此，为了避免采用不当的方法得出错误的结论，本研究并未对抗风险能力与竞争优势之间的共演化关系展开理论和实证的分析探索。

（4）量表打分的测度方法具有一定的主观性

本研究开发的基于知识的企业抗风险能力测度量表和企业竞争优势测度量表是在文献整理、学术界和企业界调研的基础上构建的，其信度和效度、通过了实证检验，具有良好的有效性。然而采用李克特七级量表由受访者打分的方法，具有较大的主观性而不可避免地会使得研究结论存在一定的缺陷。一般认为如果能够结合企业的客观数据进行测度将有助于提升研究结论的质量，但由于现有相关文献中可供参考的例子很少，且企业实际数据难以获取，因而本研究并未进行这一尝试。

第四节 对未来研究的展望

从知识的角度来研究企业抗风险能力如何影响企业竞争优势是一个新的研究视角，尚有很多问题亟待不同领域的学者们来展开探索。作为笔者在此领域研究的一个起步，本研究不可避免地存在疏漏和不足，下一步的研究可从以下方面进行改进和完善。

（1）结合行业的特点，对主要研究变量做进一步细化，提升实证研究的准确性

结合各个行业的具体特点，对知识这一概念做进一步细分，探讨以不同知识形态为对象的企业抗风险能力，并研究其与特定行业内企业竞争优势的关系，以提升实证研究结论的准确性和对企业实践指导的针对性。

（2）对本研究中未得到验证的假设关系进行进一步研究

在本研究所构建的基于知识的抗风险能力与企业竞争优势的关系模型中，尽管本研究提出的大多数假设都通过了实证研究的检验，但有两条假设关系未通过验证。虽然本研究通过逻辑推理解释了两条假设未通过验证的原因，但还需要更多的实证研究来证明。这也在一定程度上说明了本次实证研究所获取的样本数据未能较好地解释本研究的理论观点。将来可以通过扩大样本容量、拓展发放区域等方式进一步深入系统地进行探索，调整和完善概念模型。

（3）寻找适合的研究方法，对基于知识的抗风险能力的各

构成要素对企业竞争优势的作用机理开展进一步探索

　　本研究通过实证验证了知识创造能力和知识整合能力对组织知识有显著的正向影响作用。然而考虑知识的路径依赖特征，组织知识也会影响企业的知识吸收能力、知识创造能力和知识整合能力的发挥。知识吸收能力、知识创造能力和知识整合能力三者与组织知识之间可能存在互为因果的关系。本研究的实证结果中也显示知识吸收能力对组织知识的作用不显著。组织知识作为一个相对静态的存量，在和知识吸收能力、知识创造能力和知识整合能力三个动态的知识流量之间到底有没有前因变量的作用尚值得进一步研究。将来如果条件允许，将寻找适合的研究方法，综合论证，以进一步揭示基于知识的抗风险能力对企业竞争优势的作用机理。

参考文献

1. 安丰全：《中石化上游领域竞争力和抗风险能力的定量分析》，《石油化工技术经济》2001 年第 3 期。

2. 曹兴、郭志玲：《企业知识存量增长与技术能力提升的作用分析》，《科学决策》2009 年第 8 期。

3. 陈斌、陈华敏：《金融危机对中小企业板上市公司影响分析》（深证综研字第 0170 号），深圳证券交易所综合研究所，2009 年 6 月。

4. 陈琦：《基于技术核心能力的高技术企业成长机理及其模式研究》，中南大学博士学位论文，2009。

5. 陈中华、赵晓：《建立以企业风险承受能力为核心的风险管理体系》，《现代金融》2004 年第 8 期。

6. 戴大双、李浩：《高新技术企业的技术创新管理》，大连理工大学出版社，2003。

7. 戴胜利：《企业营销系统抗风险能力测度方法研究》，《华东经济管理》2008 年第 7 期。

8. 董保宝：《基于网络结构的动态能力与企业竞争优势关系研究》，吉林大学博士学位论文，2010。

9. 董俊武、黄江圳、陈震红：《动态能力演化的知识模型与一个中国企业的案例分析》，《管理世界》2004年第4期。

10. 董俊武、黄江圳、陈震红：《基于知识的动态能力演化模型研究》，《中国工业经济》2004年第2期。

11. 杜静，魏江：《知识存量的增长机理分析》，《科学学与科学技术管理》2004年第1期。

12. 方放：《标准设定动因下高技术企业研发能力提升机理与评价研究》，湖南大学博士学位论文，2009。

13. 傅毓维、英爽、董阳：《高新技术企业抗风险能力的评估》，《技术经济》2004年第7期。

14. 葛宝山、姚梅芳：《高技术产业化风险评价的AHP法》，《系统工程理论与实践》1999年第9期。

15. 耿方辉：《高新技术企业技术创新风险管理研究——以IT类企业为例》，山东大学硕士学位论文，2009。

16. 郭伟、王灿、叶子兰：《高新区知识创新能力影响因素的实证研究》，《武汉理工大学学报. 信息与管理工程版》2010年第6期。

17. 郭瑜桥、和金生、张雄林：《基于知识集聚的企业持续竞争能力研究》，《未来与发展》2007年第7期。

18. 国务院国有资产监督委员会软科学研究：《金融危机对中央企业的影响及战略对策的思考》，国务院国有资产监督委员会软科学研究课题结题报告，2010年8月，http：//www. sasac. gov. cn/n1180/n1271/n4213364/n4213643/13321193. html。

19. 侯杰泰、温忠麟、成子娟：《结构方程模型及其应用》，教育科学出版社，2004。

20. 黄江圳、谭力文：《从能力到动态能力：企业战略观的转变》，《经济管理》2002 第 22 期。

21. 贾根良：《理解演化经济学》，《中国社会科学》2004 年第 2 期。

22. 简兆权，占孙福：《吸收能力、知识整合与组织知识及技术转移绩效的关系研究》，《科学学与科学技术管理》2009 年第 6 期。

23. 金水英，吴应宇：《知识资本对高技术企业发展能力的贡献——来自我国高技术上市公司的证据》，《科学学与科学技术管理》2008 年第 5 期。

24. 昆明船舶设备集团有限公司：《"五个提升" 奠定科技发展基础》，《云南科技管理》2011 年第 3 期。

25. 李怀祖：《管理研究方法论》，西安交通大学出版社，2004。

26. 李金生、李晏墅：《高技术企业原始创新风险传递效应模型研究》，《中国工业经济》2012 年第 1 期。

27. 李京文：《知识经济与高技术及软科学的关系》，《中国工业经济》1998 年第 10 期。

28. 李鑫：《探析知识经济下高新技术企业的制度创新 - 基于知识的四个维度》，《商场现代化》2009 年 4 月（中旬刊）。

29. 李贞：《科技型中小企业知识整合、吸收能力及关系学习对创新绩效的影响研究》，华东理工大学硕士学位论文，2010。

30. 李志民：《基于知识的企业价值链模型研究》，北京物资学院硕士学位论文，2007。

31. 林莉、周鹏飞：《基于知识联盟的高技术企业成长机制与策略》，《科技管理研究》2007 年第 12 期。

32. 刘国新、王光杰：《创业风险管理》，武汉理工大学出版社，2004。

33. 刘力钢、隋鑫、安曼：《高技术企业知识创造与可持续竞争优势》，《辽宁大学学报》（哲学社会科学版）2007年第1期。

34. 刘新立：《风险管理》，北京大学出版社，2006。

35. 刘旭东：《高新技术企业发展过程中的财务风险管理分析》，《经济前沿》2008年第7期。

36. 卢启程：《企业动态能力的形成和演化—基于知识管理视角》，《研究与发展管理》2009年第2期。

37. 罗冠吉：《上海金桥出口加工区企业抗风险能力的测评与分析》，《统计科学与实践》2010年第6期。

38. 罗正清、和金生：《面向技术创新的组织知识存量测度研究》，《科技进步与对策》2009年第12期。

39. 吕乃基、韩启放：《高技术风险根源分析—兼论高技术特征间的关系》，《南京社会科学》2001年第9期。

40. 马宏建：《中国高技术企业知识管理能力与绩效研究》，复旦大学博士学位论文，2005。

41. 马勤：《企业知识管理能力与竞争优势的关系研究》，湖南大学博士学位论文，2006。

42. 马庆国：《管理统计：数据获取、统计原理、SPSS工具与应用研究》，科学出版社，2002。

43. 潘安成：《基于组织适应力与战略选择协同演化的企业持续成长研究》，东南大学博士学位论文，2006。

44. 裴小兵、李健：《组织知识积累与构建三维知识积累模型》，《西安电子科技大学学报》（社会科学版）2005年第1期。

45. 彭盾：《复杂网络视角下的高技术企业技术创新网络演化研究》，湖南大学博士学位论文，2010。

46. 钱晨阳、章元军、周翼文：《高新技术企业风险防范策略》，《合作经济与科技》2009 年第 1 期。

47. 任皓，邓三鸿：《知识管理的重要步骤——知识整合》，《情报科学》2002 年第 6 期。

48. 荣泰生：《AMOS 与研究方法》，重庆大学出版社，2009。

49. 芮明杰、陈娟：《高技术企业知识体系概念框架及其内部互动模型》，《上海管理科学》2004 年第 2 期。

50. 芮明杰、杜郁文：《知识能量 – 知识整合 – 创新绩效与核心竞争力关系的实证研究》，《商业时代》2010 年第 36 期。

51. 芮明杰、李鑫、任红波：《高技术企业知识创新模式研究——对野中郁次郎知识创造模型的修正与扩展》，《外国经济与管理》2004 年第 5 期。

52. 宋明哲：《现代风险管理》，中国纺织出版社，2003。

53. 宋志红：《企业创新能力来源的实证研究》，对外经济贸易大学博士学位论文，2006。

54. 谭莹、李大胜：《企业自主创新：技术创新和组织创新——基于企业创新能力理论的文献回顾》，《科技管理研究》，2009 年第 2 期。

55. 唐惠英：《引入自主创新能力的高新技术企业信用风险评估研究》，电子科技大学硕士学位论文，2008。

56. 田永强：《粮棉企业风险承受能力的灰色综合评价》，《统计与决策》2005 年第 8 期。

57. 仝允桓、周江华、赵晶：《基于知识整合的企业内部技术转移模式分析》，《科学学与科学技术管理》2008 年第 10 期。

58. 汪丁丁：《知识沿时间和空间的互补性以及相关的经济学》，《经济研究》1997 年第 6 期。

59. 汪小梅、白利娟、袁薇：《组织知识创造能力分析与综合评价特征》，《软科学》2006 年第 6 期。

60. 汪应洛、李恒、刘益：《企业柔性战略》，《管理科学学报》1998 年第 1 期。

61. 王娟：《网络关系对产业集群企业抗风险能力的影响研究》，南京航空航天大学硕士学位论文，2008。

62. 王培林：《企业知识创造能力评价及其实证研究》，《科技进步与对策》2010 年第 23 期。

63. 王西麟：《高技术企业成长论》，中国人民大学博士学位论文，1995。

64. 王小勇、吕文栋、宁建荣、段姗：《浙江高新技术企业全面风险管理研究》，《科学决策》2010 年第 12 期。

65. 王泽华、陈庆云：《云南企业创新研究》，云南民族出版社，2010。

66. 魏江：《企业技术能力论》，科学出版社，2002。

67. 魏云峰：《高新技术企业激励模式、团队重组理论与案例研究》，上海交通大学博士学位论文，2001。

68. 吴海民：《论德鲁克的不确定性管理思想及对现代管理理论的启示》，《现代管理科学》2006 年第 4 期。

69. 夏海钧：《中国高新技术产业开发区发展研究》，暨南大学博士学位论文，2001。

70. 谢洪明、王成、罗惠玲、李新春：《学习、知识整合与创新的关系研究》，《南开管理评论》2007 年第 2 期。

71. 谢洪明、吴溯、王现彪：《知识整合能力、效果与技术创新》，《科学学与科学技术管理》2008 年第 8 期。

72. 谢科范：《企业风险管理》，武汉理工大学出版社，2004。

73. 谢永平、毛雁征、张浩森:《组织间信任、网络结构和知识存量对网络创新绩效的影响分析 – 以知识共享为中介》,《科技进步与对策》2011 年第 24 期。

74. 徐彪、张晓:《组织知识 – 学习导向与新产品创新绩效》,《管理科学》2011 年第 8 期。

75. 徐二明、陈茵:《基于知识转移理论模型的企业知识吸收能力构成维度研究》,《经济与管理研究》2009 年第 1 期。

76. 徐震:《基于三维模型的集群企业动态能力与竞争优势提升实证研究》,复旦大学博士学位论文,2007。

77. 许方球、刘洪德、喻登科:《企业知识管理与核心竞争力的关联研究》,《情报杂志》2009 年第 1 期。

78. 许冠南:《关系嵌入性对技术创新绩效的影响研究》,浙江大学博士学位论文,2008。

79. 晏双生、章仁俊:《企业资源基础理论与企业能力基础理论辨析及其逻辑演进》,《科技进步与对策》2005 年第 5 期。

80. 杨博文、黄恒振:《共生理论:组织演化研究的新基础》,《电子科技大学学报》(社会科学版) 2010 年第 2 期。

81. 姚正海:《基于生命周期的高技术企业风险防范研究》,《经济问题》2008 年第 5 期。

82. 易丹辉:《结构方程模型方法与应用》,中国人民大学出版社,2008。

83. 余光胜:《企业发展的知识分析》,上海财经大学出版社,2000。

84. 约瑟夫·斯蒂格利茨:《知识经济的公共政策》,《新华文摘》2000 年第 3 期。

85. 张保生:《高新技术企业战略风险管理系统模型及预警研

究》，西安理工大学硕士学位论文，2007。

86. 张华：《创新型人力资本与高技术企业发展》，《价格理论与实践》2003 年第 5 期。

87. 张慧军、马德辉：《核心能力的知识视角评述》，《情报杂志》2006 年第 4 期。

88. 张静：《浅谈高技术风险的存在与规避路径》，《科技信息》2010 年第 5 期。

89. 张黎明：《转轨时期中国企业战略导向选择实证研究》，四川大学博士学位论文，2008。

90. 张睿：《企业市场知识能力对组织绩效的影响作用研究》，大连理工大学博士学位论文，2008。

91. 张韬：《基于吸收能力的创新能力与竞争优势关系研究》，《科学学研究》2009 年第 3 期。

92. 张炜：《中小高技术企业创业知识资本与成长绩效关系研究》，浙江大学博士学位论文，2005。

93. 张卫星、李红忠、郭志富、范况生：《中部六省知识创造能力的比较研究》，《安徽农业科学》2007 年第 20 期。

94. 张玉利：《金融危机对中国中小企业的影响》，南开大学创业管理研究中心，2008.11。

95. 章威：《基于知识的企业动态能力研究：嵌入性前因及创新绩效结果》，浙江大学博士学位论文，2009。

96. 赵淼：《知识创新能力与公司绩效相关性实证研究》，《财会杂志》2009 年第 9 期。

97. 赵玉林：《高技术产业经济学》，中国经济出版社，2004。

98. 赵忠伟：《高新技术企业持续竞争优势研究》，哈尔滨工程大学博士学位论文，2010。

99. 中国房地产测评中心:《上市房企亟需增强抗风险能力——2008 年中国房地产上市公司测评报告》,2009.11。

100. 中国科学院:《2012 高技术发展报告》,科学出版社,2012。

101. 周大庆、沈大白、张大成:《风险管理前沿:风险价值理论与应用》,中国人民大学出版社,2004。

102. 周慧、郑伟均:《高新技术企业生命周期的融资选择》,《科技进步与对策》2004 年第 10 期。

103. 周晓丹:《外向型中小企业抗风险能力评价研究》,《财经视点》2011 年第 3 期。

104. 朱伟民:《战略人力资源管理与企业知识创造能力:对科技型企业的实证研究》,《科学学研究》2009 年第 8 期。

105. 邹国庆、徐庆仑:《核心能力的构成维度及其特性》,《中国工业经济》2005 年第 5 期。

106. 〔美〕菲利普·乔瑞:《VaR 风险价值 – 金融风险管理新标准》,张海鱼译,中信出版社,2000。

107. 〔美〕Gerhard Schroeck:《金融机构风险管理与价值创造》,贾维国译,中国人民大学出版社,2006。

108. 〔美〕彼得·德鲁克:《巨变时代的管理——德鲁克世纪精选》,朱雁斌译,机械工业出版社,2009。

109. 〔美〕多萝西·伦纳德·巴顿:《知识与创新》,孟庆国,侯世昌译,新华出版社,2000。

110. 〔美〕弗兰克·奈特:《风险、不确定性与利润》,安佳译,商务印书馆,2006。

111. 〔美〕理查·达凡尼:《超优势竞争 – 新时代的动态竞争理论与应用》,许梅芳译,台湾远流出版事业股份有限公司,

1999。

112. A. M. Pettigrew, "Longitudinal Field Research on Change: Theory and Practice", *Organization Science* 1 (3), 1990.

113. Anker Lund Vinding, "Absorptive Capacity and Innovative Performance: A Human Capital Approach", *Economics of Innovation and New Technology* 15 (4), 2006.

114. Antonio Messeni Petruzzelli, "Proximity and Knowledge Gatekeepers: the Case of the Polytechnic University of Turin", *Journal of Knowledge Management* 12 (5), 2008.

115. Badaracco Joseph L. , *The Knowledge Link: How Firms Compete Through Boston* (Boston: Harvard Business School Press, 1991).

116. Bae Z T, "Overcoming the Barriers in Creating and Managing High-tech Ventures: A Case Study of Korean Ventures in Silicon Valley", *Paper Presented at A /PARC Seminar*, Stanford University, 2000.

117. Bagozzi R. P. , Yi Y. , "On the Evaluation of Structural Equation Model", *Academy of Marketing Science* 16 (1), 1988.

118. Balakrishnan S. , Wemerfelt B. , "Technical Change, Competition and Vertical Integration", *Strategic Management* 7 (4), 1986.

119. Barney J. B. , "Firm Resources and Sustained Competitive Advantage", *Journal of Management* 17 (1), 1991.

120. Baughn C. , Anh P. T. , Hang N. T. , Neupert K. E. , "Knowledge Acquisition from Foreign Parents in International Joint Ventures: An Empirical Study in Vietnam", *International*

Business Review 15 (5), 2006.

121. Beck T., Demirguc-Kunt A., Maksimovic V., " Financial and Legal Constraints to Growth: Does Firm Size Matter?", *Journal of Finance* 60 (1), 2005.

122. Becker M. C., Knudsen T., " The Role of Routines in Reducing Pervasive Uncertainty", *Journal of Business Research* 58 (1), 2005.

123. Bettis R. A., Hitt M A., "The New Competitive Landscape", *Strategic Management Journal* 16 (S1), 1995.

124. Bierly P., Chakrabarti A., " Generic Knowledge Strategies in the US Pharmaceutical Industry ", *Strategic Management Journal* 17 (Winter), 1996.

125. Birger Wernerfelt, "A Resource-View of the Firm", Strategic Management Journal 5 (2), 1984.

126. Boholm A., " Comparative Studies of Risk Perception: A Review of Twenty Years of Research ", *Journal of Risk Research* (1). 1998.

127. Bowman, C. Ambrosini, V., " How the Resource-based and the Dynamic Capability Views of the Firm Inform Competitive and Corporate Level Strategy", *British Journal of Management* 14 (4), 2003.

128. C. K. Prahalad, Gary Hamel, " The Core Competence of the Corporation", *Harvard Business Review* (3), 1990.

129. C. W. Holsapple, M. Singh, "The Knowledge Chain Model: Activities for Competitiveness", *Expert Systems with Applications* (1), 2001.

130. Campbell D. ，"Variation and Selective Retention in Socio-cultural Evolution"，*General Systems*（16）1969.

131. Chen Yu-Shan，Lin Ming-Ji James，Chang Ching-Hsun，"The Positive Effects of Relationship Learning and Absorptive Capacity on Innovation Performance and Competitive Advantage in Industrial Markets"，*Industrial Marketing Management* 38 （2），2009.

132. Chesbrough H. W. ，"The era of Open Innovation"，*MIT Sloan Management Review* 44 （3），2003.

133. Chris Chapman，"Project Risk Analysis and Management-PRAM the Generic Process"，*International Journal of Project Management* 15 （5），1997.

134. Clarence Morris，"Hazardous Enterprises and Risk Bearing Capacity"，*Yale Law Journal*（61）. 1952.

135. Clemons E. K. ，"Using Scenario Analysis to Manage the Strategic Risks of Reengineering"，*Sloan Management Review* 36 （4），1995.

136. Cohen M. D. ，Burkhart R. ，Dosi G. ，et al. ，"Routines and Other Recurring Action Patterns of Organizations：Contemporary Research Issues"，*Industrial and Corporate Change* 5 （3），1996.

137. Cohen W. M. ，Levinthal D. A，"Absorptive Capacity：A New Perspective on Learning and Innovation"，*Administrative Science Quarterly* 35 （1），1990.

138. Cohen W. M. ，Levinthal D. A. ，"Innovation and Learning：The Two Faces of R&D "，*The Economic Journal*, 99 （397），1989.

139. Constance E. Helfat, Magraget A. Peteraf, "The Dynamic Resource-based View: Capability Lifecycles", *Strategic Management Journal* 24 (10), 2003.

140. Cooper L. P., "A Research Agenda to Reduce Risk in New Product Development Through Knowledge Management: a Practitioner Perspective", *Journal of English Technology Management* (20), 2003.

141. Cynthia A. Montgomery, *Resource-Based and Evolutionary Theories of the Firm: towards a Synthesis* (Boston, US: Kluwer Academic Publisher, 1995).

142. Davenport T. H., Prusak L., *Working knowledge: How Organizations Manage What They Know* (Boston: Harvard Business School Press. 1998).

143. David Baccarini, Richard Archer, "The Risk Ranking of Projects: A Methodology" *International Journal of Project Management* 19 (3), 2001.

144. David J. Teece, "Explicating Dynamic Capabilities: the Nature and Microfoundations of (sustainable) Enterprise Performance", *Strategic Management Journal* (28), 2007.

145. David J. Teece, Gary Pisano, Amy Shuen, "Dynamic Capabilities and Strategic Management", *Strategic Management Journal* 18 (7), 1997.

146. David J. Teece, "Firm Capability and Economic Development: Implications For Newly Industrializing Economies", *Technology, Learning & innovation*, ed. Linsu Kim, Richard R. Nelson (New York: Cambridge University Press, 1998).

147. David J. Teece，"Research directions for knowledge management"，*California management review*（3），1998.

148. Demsetz H.，"The Theory of the Firm Revisited"，*Journal of Law Economics and Organization* 4（1），1988.

149. Ding L.，Velicer W. F.，Harlow L. L.，"Effects of Estimation Methods，Number of Indicators Per Factor，and Improper Solutions on Structural Equation Modeling Fit Indices"，*Structural Equation Modeling*（2），1995.

150. Dougherty D.，Barnard H.，Dunne D.，"Exploring the Everyday Dynamics of Dynamic Cpabilities"，*3rd Annual MIT/ UCI Knowledge and Organizations Conference*（Laguna Beach，CA，2004）.

151. Durand Thomas，"Strategizing for Innovation：Competence Analysis in Assessing Strategic Change"，*Competence-based Strategic Management*，ed. Amie Heene，Ron Sanchez.（Chichester：John Wiley & Sons Limited，1997）.

152. E. T. Penrose，*The Theory of the Growth of the Firm*（New York：Oxford University Press，1959）.

153. Eisenhardt K. M，Martin J. A.，"Dynamic Capabilities：?"，*Strategic Management Journal* 21（10-11），2000.

154. Emin Civi，"Knowledge Management as a Competitive Asset：A Review"，*Marketing Intelligence & Planning* 18（4），2000.

155. Eugene Sadler-Smith，David P. Spicer，Ian Chaston，"Learning Orientations and Growth in Smaller Firms"，*Long Range Planning* 34（2），2001.

156. F. A. Hayek，"Economics and Knowledge"，*Economics*（4），

1937.

157. Feldman Martha S, "Organizational Routines as A Source of Continuous Change", *Organization Science* 11 (6), 2000.

158. Fischhoff B, "Managing Perceptions", *Issues In Science And Technology* (2), 1985.

159. Fong P. S. W. , "Knowledge Creation in Multidisciplinary Project Teams: an Empirical Study of the Processes and Their Dynamic Interrelationships", *International Journal of Project Management* (21), 2003.

160. Fornell Claes, Michael D. Johnson, Eugene W. Anderson, Jaesung Cha, Barbara Everitt Bryant, "The American Customer Satisfaction Index: Nature, Purpose and Findings", *Journal of Marketing* 60 (3), 1996.

161. G. B. Richardson, "The Organization of Industry", *Economic Journal* 82, 1972.

162. Gambardella. A. , "Competitive Advantages From In-house Scientific Research: The US Pharmaceutical Industry in the 1980s", *Research Policy* 21 (5), 1992.

163. Garud R. , Nayyar P. R. , "Transformative capacity: Continual structuring by intertemporal technology transfer", *Strategic Management Journal* 15 (5), 1994.

164. Gergana Todorova, Boris Burisin, "Absorptive Capability: Valuing a Reconceptualization", *Academy of Management Review* 32 (3), 2007.

165. Ghiselli E. E. , Campbell, J. P. , Zedeck S, *Measurement Theory for the Behavioral Sciences* (New York: W. H. Freeman and

Company. 1981）.

166. Giada Di Stefano, Margaret Peteraf, Gianmario Verona, "Dynamic Capabilities Deconstructed: a Bibliographic Investigation into the Origins, Development, and Future Directions of the Research Domain", *Industrial and Corporate Change* 19 (4), 2010.

167. Gina Colarelli, O'Connor T. Ravichandran, Daniel Robeson, "Risk Management through Learning: Management Practices for Radical Innovation Success", *Journal of High Technology Management Research* (1), 2008.

168. Giuliani E., Bell M., "The Micro-determinants of Meso-level Learning and Innovation; Evidence from a Chilean Wine Cluster", *Research Policy* 34 (1), 2005.

169. Gorsuch. R. L., *Factor Analysis* (Hillsdale, New Jersey: Erlbaum, 1983).

170. Grant R M., "Prospering in Dynamically-competitive Environment Organizational Capability as Knowledge Integration", *Organization Science* 7 (4), 1996.

171. Grant R. M., "The Knowledge-based View of the Firm: Implications for Management Practice", *Long Range Planning* 30 (3), 1997.

172. Grant R. M., "Toward a Knowledge-based Theory of the Firm", *Strategic Management Journal* 1 (17), 1996.

173. H. M. Markowitz, "Portfolio Selection", *Journal of Finance* (7), 1952.

174. Hagedoorn J., "Inter-firm R&D Partnerships: An Overview of

Major Trends and Patterns Since 1960", *Research Policy* 31 (4), 2002.

175. Hai yap teoh, See liang foo, "Moderating Effects of Tolerance for Ambiguity and Risk Taking Propensity on the Role Conflict Perceived Performance Relationship: Evidence from Singaporean Entrepreneurs", *Journal of Business Venturing* (12), 2005.

176. Hair J. R., Anderson R. Tatham, W. Black, *Multivariate Data analysis.* (Upper Saddle River, New Jersey: Prentice-Hall, 1998).

177. Hargadon A., *How Breakthroughs Happen: The Surprising Truth About How Companies Innovate* (Boston: Harvard Business School Press. 2003).

178. Hayton. J. C., "Competing in the New Economy: The Effect of Intellectual Capital on Corporate Entrepreneurship in High-technology New Ventures", *R&D Management* 35 (2). 2005.

179. Heide J. B., "Interorganizational Governance in Marketing Channels", *Journal of Marketing* 58 (1), 1994.

180. Hemmert Martin, "The Impact of Internationalization on the Technology Sourcing Performance of High-Tech Business Units", *Journal of Engineering & Technology Management* 21 (3), 2004.

181. Herbert A. Simon, "A Behavioral Model of Rational Choice", *The Quarterly Journal of Economics* 69 (1), 1955.

182. Hitt M, . Ireland R., *Hoskisson R. Strategic Management: Competitiveness and Globalization* (Cincinnati, OH: South-

western College Publishing, 1999).

183. Hulya Ulku. "R&D, Innovation, and Growth: Evidence from Four Manufacturing Sectors in OECD Countries", *Oxford Economic Papers* 59 (3), 2007.

184. Ikujiro Nonaka, Hirotaka Takeuchi, *The Knowledge-creating Company* (New York: Oxford University Press, 1995).

185. Ikujiro Nonaka, Ryoko Toyama, Noboru Konno, "SECI, Ba and Leadership: a Unified Model of Dynamic Knowledge Creation", *Long range planning* 33 (1), 2000.

186. Ikujiro Nonaka, "A Dynamic Theory of Organizational Knowledge Creation", *Organization Science* 5 (1), 1994.

187. Ing. Gerhard Girmscheid, "Holistic Enterprise Risk Management-Risk Coverage and risk control", *CIB World Building Congress* 2007.

188. Inkpen. A. C., "A Learning Knowledge Acquisition and Strategic Alliances", *European Management Journal* 16 (2), 1998.

189. Inkpen A. C., Dinur A, "Knowledge Management Processes and International Joint Ventures", *Organization Science* 9 (4), 1998.

190. Jaana Woiceshyn, Urs Daellenbach, Integrative Capability and Technology Adoption: Evidence from Oil Firms. *Industrial and Corporate Change* (02). 2005.

191. Jansen J. J. P., *Ambidextrous Organizations: A Multiple Level Study of Absorptive Capacity, Exploratory and Exploitative Innovation, and Performance*, (Rotterdam: Erasmus University, 2005).

192. Jap S. D. , "Perspectives on Joint Competitive Advantage in Buyer-Supplier Relationships", *International Journal of Research in Marketing*18 (1), 2001.

193. Jaworski B. J. , Kohli A. K. , "Market Orientation: Antecedents and Consequences", *Journal of Marketing* 57 (7), 1993.

194. Jie Yang, "Knowledge Integration and Innovation: Securing New Product Advantage in High Technology Industry", *Journal of High Technology Management Research* 16 (1), 2005.

195. John Hans Adler, *Absorptive Capacity: the Concept and Its Determinants* (Washington: Brookings Institution, 1965)

196. K. Qien, "Risk Indicators as A Tool for Risk Control", *Reliability Engineering and System Safety* (74), 2001.

197. Kale P. , Singh H. , Perlmutter H. , "Learning and Protection of Proprietary Assets in Strategic Alliances: Building Relational Capital", *Strategic Management Journal* 21 (3), 2000.

198. Kan-ichiro Suzuki, Sang-Hoon Kim, Zong-Tae Bae, "Entrepreneurship in Japan and Silicon Valley: A Comparative Study", *Technovation* (10), 2002.

199. Kathleen M. Eisenhardt, Jeffret A. Martin, "Dynamic Capabilities: What are They?", *Strategic Management Journal* 21 (10), 2000.

200. Katila R. , "New Product Search Over Time: Past Ideas in Their Prime?", Academy of Management Journal 45 (5), 2002.

201. Ken G. Smith, Christopher J. Collins. Kevin D. Cleak,

"Existing Knowledge, Knowledge Creation Capability, and the Rate of New Product Introduction in High-technology Firms", *Academy of Management Journal* 48 (2), 2005.

202. King A. W. , Zeithaml C. P. , "Competencies and Firm Performance: Examining the Causal Ambiguity Paradox", *Strategic Management Journal* 22 (1), 2001.

203. Koberg C. , Uhlenbruck N. , Sarason Y. , "Facilitators of Organizational Innovation: the Role of Life-cycle Stage", *Journal of Business Venturing* 11 (2), 1996.

204. Kogut B. , U. Zander, "Knowledge of the Firm, Combinative Capabilities, and the Replication of Technology", *Organization Science* 3 (3), 1992.

205. KR Conner, CK Prahalad, "A Resource-based Theory of the Firm: Knowledge Versus Opportunism", *Organization Science* 7 (5), 1996.

206. L. Kim, "Crisis Construction and Organizational Learning: Dynamics of Capability Building in Catching-up at Hyundai Motor", *Organization Science* 9 (4), 1998.

207. L. Putterman, R. S. Kroszner, *The Economic Nature of the Firm: A Reading* (New York: Cambridge University Press, 1972).

208. Lane P. J. , "Absorptive Capacity, Learning, and Performance in International Joint Ventures", *Strategic Management Journal* 22 (12), 2001.

209. Lane P. J. , Lubatkin M, "Relative Absorptive Capacity and Inter-organizational Learning", *Strategic Management Journal* 19 (5), 1998.

210. Lee C. , Lee K. , Pennings J. M. , "Internal Capabilities, External Networks, and Performance: A Study on Technology-based Ventures", *Strategic Management Journal* 22, (6), 2001.

211. Leonard Barton, "Core Capabilities and Core Rigidities: A Paradox in Managing New Product Development", *Strategic Management Journal* 13 (S1), 1992.

212. Liebeskind J. P. , "Knowledge, Strategy, and the Theory of The firm", *Strategic Management Journal* 17 (Winter), 1996.

213. M. H. Zack, "Managing Codified Knowledge", *Sloan Management Review* 40 (4), 1999.

214. Manu Parashar, Sunil Kumar Singh, "Innovation Capability", *IMB Management Review* 17 (4), 2005.

215. March J. G. , Simon H. , *Organizations* (New York: John Wiley & Sons Limited, 1958).

216. Mark L. Frigo, Anderson R J, *Strategic Risk Management: The New Core Competency* (New York: John Wiley & Sons Limited, 2012).

217. Maurizio Zollo, Sidney G. Winte, "Deliberate Learning and the Evolution of Dynamic Capabilities", *Organization Science* 13 (3). 2002.

218. Maytorena E. , Winch GM, Freeman J. , "The Influence of Experience and Information Search Styles on Project Risk Identification Performance", *IEEE Transactions on Engineering Management* 54 (2), 2007.

219. McEvily S. , Chakravarthy B. , "The Persistence of Knowledge-based Advantage: An Empirical Test for Product

Performance and Technological Knowledge ", *Strategic Management Journal* 23 (4), 2002.

220. Michiel De Boer, Frans A. J. , Van Den Bosch, Henk W. Volberda, "Managing Organizational Knowledge Integration in the Emerging Multimedia Complex", *Journal of Management Studies* 36 (3), 1999.

221. Mikko A. Ketokivi, Roger G. Schroeder, "Perceptual Measures of Performance: Fact or Fiction?", *Journal of Operations Management* (06). 2004.

222. Miller D. , Shamsie J. , "The Resource-Based View of the Firm in Two Environments: The Hollywood Film Studios from 1936 to 1965", The Academy of Management Journal 39 (3), 1996.

223. Miner A. S. , "Seeking Adaptive Advantage: Evolutionary Theory and Managerial Action", *Evolutionary Dynamics of Organizations* 76, 1994.

224. Mireille Merx-Chermin, Wim J. Nijhof, "Factors Influencing Knowledge Creation and Innovation in An Organization", *Journal of European Industrial Training* 29 (2), 2005.

225. Mishra S. , Kim D. , Lee D. , "Factors Affecting New Product Success: Cross-country Comparisons ", Journal of Product Innovation Management 13 (6), 1996.

226. Moody D. L. , Shanks G. G. , "Using Knowledge Management and the Internet to Support Evidence Based Practice: A Medical Case Study [C]. The 10th Australasian Conference on Information System. Wellington, New Zealand,

December, 1999: 1 - 3.

227. Mowery, Oxley, "Inward Technology Transfer and Competitiveness: The Role of National Innovation Systems", *Cambridge Journal of Economics* (19).

228. Myteika L., "Catching Up in New Wave Technologies", Oxford Development Studies 32 (3), 2004.

229. Nahapiet J., Ghoshal S., "Social Capital, Intellectual Capital and the Organizational Advantage", *Academy of Management Review* 23 (2), 1998.

230. Nelson R. R., Winter S. G., *An Evolutionary Theory of Economic Change* (New York: Cambridge University Press, 1982).

231. Nelson. R. R., Winter S. G., "Evolutionary Theorizing in Economic", *Journal of Economic Perspectives*16 (2). 2002.

232. Nicolai J. Foss, Brian J. Loasby, *Economic Organization, Capabilities and Coordination: Essays in Honour of G. B. Richardson* (London: Routledge, 1998).

233. Nielsen A. P., *Capturing Knowledge Within a Competence* (Denmark: Aalborg University, 2003).

234. Okrenl David, "Risk Perception and Risk Management: on Knowledge, Resource Allocation and Equity", *Reliability Engineering and System Safety* 59 (1), 1998.

235. P. C. Yang, H. M. Weeb, B. S. Liu, O. K. Fong, "Mitigating Hi-tech Products Risks due to Rapid Technological Innovation", *Omega* (4), 2011.

236. Paul R. Carlile, Eric S. Rebentisch, "Into the Black Box:

The Knowledge Transformation Cycle", *Management Science* (09), 2003.

237. Pennings J. M. , Harianto F. , "The Diffusion of Technological Innovation in the Commercial Banking Industry", *Strategic Management Journal* (13), 1992.

238. Philip Selznick, *Leadership in Administration: a Sociological Interpretation* (Chicago: Row, Peterson and company, 1957)

239. Polanyi Michael, *The Tacit Dimension* (Gloucester: Peter Smith Publisher, 1983).

240. Prieto I. M. , Easterby-Smith, "Dynamic Capabilities and Knowledge Management- an Integrative Role for Learning", *British Journal of Management* (19), 2008.

241. Prieto I. M. , Easterby-Smith, "Dynamic Capabilities and the Role of Organizational Knowledge: An Exploration", *European Journal of Information Systems* 15 (5), 2006.

242. Quinn J. B. , *Intelligent Enterprise-A Knowledge and Service Based Paradigm* (New York: The Free Press, 1992).

243. R. Venkatesan, "How Capabilities Differ From Core Competence: The Case of Honda", *Harvard Business Review* 70 (2) 1992.

244. R. K. Yin, *Case Study Research: Designs and Methods* (London: Sage Publications, 1989).

245. Rebecca Henderson, Iain Cockburn, "Measuring Competence? Exploring Firm Effects in Pharmaceutical Research", *Strategic Management Journal* 15 (S1), 1994.

246. Rita Gunther, Mc Grath, Ina C. Mae Milan, "Assessing

Technology Projects Using Real Options Reasoning", *Research Technology Management* 43 (4), 2000.

247. Ron Coombs, " Core Competencies and the Strategic Management of R & D", *R & D Management* 26 (4), 1996.

248. Schultze Ulrike, Edwin L. Cox, "Investigating the Contradictions in Knowledge Management", In the proceedings of the IFTP WG8. 2 Joint Working Conference on Information System: Current Issues and Future Changes. Helainki, Finland, 1998.

249. Senge P. M. , *The Fifth Discipline: Mastering the Five Practices of the Learning Organization* (NewYork: Doubleday, 1990).

250. Simonin B. , " The Importance of Collaborative Know-how: An Empirical Test of the Learning Organization", *Academy of Management Journal* 40 (5), 1997.

251. Spender J. C. , Grant Robert M. , "Knowledge and the Firm: Overview ", *Strategic Management Journal* 17 (Winter), 1996.

252. Spender J. C. , " Making Knowledge the Basis of A Dynamic Theory of the Firm ", *Strategic Management Journal* 17 (Winter), 1996.

253. Susan Albers Mohrman, David Finegold. , Allan M Mohrman Jr. , " An Empirical Model of the Organization Knowledge System in New Product Development Firms ", *Journal of Engineering and Technology Management* 20 (1), 2003.

254. Tallman S. , Jenkins M. , Henry N. , Pinch S. , "Knowledge, Clusters, and Competitive Advantage", *Academy of Management Review* 29 (2), 2004.

255. Tsai W. , "Knowledge Transfer in Intra-organizational Networks

Effects of Network Position and Absorptive Capacity on Business Unit Innovation and Performance", *Academy of Management Journal* 44 （5）, 2001.

256. Tyler Beverly B. , "The Complementarity of Cooperative and Technological Competencies: A Resource-based Perspective", *Journal of Engineering and Technology Management* 18 （1）, 2001.

257. Van Den Bosch, Frans A. J. , Henk W. Volberda, Michiel De Boer, "Coevolution of Firm Absorptive Capacity and Knowledge Environment: Organizational Forms and Combinative Capabilities", *Organization Science* 10 （5）, 1999.

258. Véronique Ambrosini, Cliff Bowman, Nardine Collier, "Dynamic Capabilities: An Exploration of How Firms Renew their Resource Base", *British Journal of Management* 20 （S1）, 2009.

259. Von Hippel E. , *The Sources of Innovation* （New York: Oxford University Press, 1988）.

260. Wasan Teerajetgul, Chotchai Charoenngam, "Factors Inducing Knowledge Creation: Empirical Evidence From the Construction Projects", *Engineering Construction and Architectural Management* 13 （6）, 2006.

261. William G. , "Measuring Investor Risk Capacity With A Pass", *Journal of Financial Planning* 1 （2）, 1988.

262. Williams Jr. , *Risk Management and Insurance* （New York: McGraw Hill Inc. , 1998）.

263. Wilson R. , Crauch E. A. , "Risk Assessment and Comparisons: An Introduction", *Science* 236 （4799）, 1987.

264. WinterS. G. , "Knowledge and Competence As Strategic Assets ", *The Competitive Challenge*: *Strategies for Industrial Innovation and Renewal*, ed. David J. Teece. (Massachusetts: Ballinger Pubulishing Company, 1987).

265. Yates J. F. , Stone E. R. , "Risk Appraisal", *Risk Taking Behavior*, ed. Yates J. (New York: John Wiley & Sons Limited, 1992).

266. Young Hoon Kwak, Kenneth Scott Laplace, "Examing Risk Tolerance in Project-driven Organization", *Technovation* 25 (6), 2005.

267. Zahra S. A. , George G. , "Absorptive Capability: A Review, Reconceptualization and Extension", *Academy of Management Review* 27 (2), 2002.

268. Zahra S. A. , Sapienza H. , Davidsson P. , "Entrepreneurship and Dynamic Capabilities: A Review, Model and Research Agenda", *Journal of Management Studies* 43 (4), 2006.

269. Zott C. , "Dynamic Capabilities and the Emergence of Intraindustry Differentia Firm Performance: Insights From a Simulation Study", *Strategic Management Journal* 24 (2), 2003.

附录 A

问卷调查表

尊敬的女士/先生：

您好！

感谢您能在百忙之中抽出时间填写本问卷！

本调查是昆明理工大学管理与经济学院和云南财经大学工商管理学院联合进行的一项研究。本问卷旨在从知识的视角调查企业的风险抵御能力与企业竞争优势之间的关系。本调查纯属学术研究目的，所获信息绝不外泄，亦不用于任何商业目的。问卷调查是匿名的，所获得的企业调查数据合并使用，不单独研究任何一家企业，不会对您个人和公司造成任何影响。您的回答对我们的研究非常重要，问卷答案没有对错之分，烦请您依据您所掌握的情况填写问卷！

联系人：

第一部分　企业基本信息

填写方法：请在符合的选项上打"√"或直接填写在相应空括号内。

1. 企业名称：_____；成立时间：_____年

2. 填表人职务_____；在该企业的工作年限：_____

3. 贵企业主营业务所属行业类别：

　　□电子信息技术　　　　□生物与新医药技术

　　□航空航天技术　　　　□新材料技术

　　□高技术服务业　　　　□新能源及节能技术

　　□资源与环境技术　　　□高新技术改造传统产业

　　□其他（请注明）＿＿＿＿＿

4. 贵企业产权性质：

　　□国有　　　　　　□民营　　　　　　□三资

　　□集体　　　　　　□其他（请注明）＿＿＿＿＿

5. 贵企业员工总数约为：

　　□50 人以下　　　　　□51～200 人

　　□201～500 人　　　　□501～1000 人

　　□1000 人以上

6. 贵企业的资产总额（单位：RMB 元）为：

　　□低于 500 万　　　　□500 万～5000 万

　　□5001 万～1 亿　　　□1 亿～2 亿

　　□2 亿及以上

7. 贵企业去年的销售额（单位：RMB 元）为：

　　□低于 500 万　　　　□500 万～5000 万

　　□5001 万～1 亿　　　□1 亿～2 亿

　　□2 亿及以上

8. 贵企业研究开发费用占总销售额的比例约为：

　　□小于 3%　　　　　　□3%～5%

　　□5%～7%　　　　　　□7%～9%

　　□10% 以上

第二部分　基于知识视角的企业抗风险
能力调查问卷

与同行竞争者相比，请您根据企业实际情况对下面有关贵公司的描述做出判断，并在每个项目后面相应的数字打"√"，1~7依次表示从完全不符合到完全符合，1表示完全不符合，4表示中立，7表示完全符合。恳请您不要遗漏任何一题。

编号	问题项描述	1	2	3	4	5	6	7
1	对市场信息的感知灵敏度高							
2	对新技术信息的感知灵敏度高							
3	能够迅速准确辨别外部知识的价值							
4	能够容易地获取到行业内的前沿技术、新技术知识							
5	能够容易地获取到当前的市场知识							
6	与利益相关者交流频繁,能充分运用社会网络获取有用信息							
7	能迅速有效地将新知识应用到相关产品或服务上							
8	员工知识和技能水平高							
9	员工的知识和能力对其薪酬有决定性的影响							
10	新产品开发、技术研发成功率高							
11	企业高层对组织学习非常重视							
12	公司文化与管理团队支持鼓励员工创新							
13	员工在工作中敢于冒险、富有首创精神							
14	组织结构有利于员工之间交换和交流各种想法和建议							
15	允许各部门打破正规工作程序,保证工作灵活性和动态性							
16	建立了一套共同分享的制度与理念并获得了员工的认同							

编号	问题项描述	1	2	3	4	5	6	7
17	员工按照既定程序开展工作							
18	文件或流程的处理都已经高度电脑化							
19	专业知识的传播是按照既定的程序进行的							
20	产品需要多方面人员的共同合作才能完成							
21	员工在工作需要时,可得到其他部门或人员的支持							
22	员工调动到新部门后所需的适应时间很短							
23	现有技术可以运用到多种产品和服务中去							
24	拥有自主知识产权的技术数量多							
25	产品具有较好的质量,能够满足顾客的需求							
26	现有产品的销售上具有良好的分销渠道和网络							
27	能够为顾客提供周到、及时的售后服务							
28	销售部门的员工具有丰富的营销知识和经验							

第三部分　企业竞争优势

根据近三年来与同行竞争者相比的情况，请您对下面有关贵公司的描述做出判断。

编号	问题项描述	1	2	3	4	5	6	7
29	本公司的年销售收入高							
30	本公司的利润水平高							
31	本公司的市场占有率高							
32	本公司的销售收入增长快							
33	本公司的利润增长快							

附录 B

高技术企业认定标准

我国高新技术企业认定条件[①]

本办法所称的高新技术企业是指：在《国家重点支持的高新技术领域》内，持续进行研究开发与技术成果转化，形成企业核心自主知识产权，并以此为基础开展经营活动，在中国境内（不包括港、澳、台地区）注册一年以上的居民企业。

高新技术企业认定须同时满足以下条件：

（一）在中国境内（不含港、澳、台地区）注册的企业，近三年内通过自主研发、受让、受赠、并购等方式，或通过 5 年以上的独占许可方式，对其主要产品（服务）的核心技术拥有自主知识产权；

（二）产品（服务）属于《国家重点支持的高新技术领域》规定的范围；

（三）具有大学专科以上学历的科技人员占企业当年职工总数的 30% 以上，其中研发人员占企业当年职工总数的 10% 以上；

（四）企业为获得科学技术（不包括人文、社会科学）新知

---

① 国家科技部、财政部、国家税务总局：《高新技术企业认定管理办法》（国科发火〔2008〕172 号），第三章条件与程序。

识，创造性运用科学技术新知识，或实质性改进技术、产品（服务）而持续进行了研究开发活动，且近三个会计年度的研究开发费用总额占销售收入总额的比例符合如下要求：

1. 最近一年销售收入小于 5000 万元的企业，比例不低于 6%；

2. 最近一年销售收入在 5000 万~20000 万元的企业，比例不低于 4%；

3. 最近一年销售收入在 20000 万元以上的企业，比例不低于 3%。

其中，企业在中国境内发生的研究开发费用总额占全部研究开发费用总额的比例不低于 60%。企业注册成立时间不足三年的，按实际经营年限计算；

（五）高新技术产品（服务）收入占企业当年总收入的 60% 以上；

（六）企业研究开发组织管理水平、科技成果转化能力、自主知识产权数量、销售与总资产成长性等指标符合《高新技术企业认定管理工作指引》（另行制定）的要求。

国家重点支持的高新技术领域[①]

一、电子信息技术

二、生物与新医药技术

三、航空航天技术

---

① 国家科技部、财政部、国家税务总局：《高新技术企业认定管理办法》（国科发火〔2008〕172 号）。

四、新材料技术

五、高技术服务业

六、新能源及节能技术

七、资源与环境技术

八、高新技术改造传统产业

后　　记

本书是在我博士论文的基础上修改而成的。

从博士论文研究的开始到如今本书的最终完稿，历时七年，其间研究工作数度停滞。而正是很多老师、同学、同事和亲人给予我的鼓励和支持成为我坚持的动力。在此谨向所有帮助和鼓励过我的人们致以最诚挚的感谢！

首先要感谢我的博士生导师赵光洲教授，在论文的写作过程中，从选题、构思到写作和修改，不仅自始至终倾注了赵老师的智慧和心血，也充分体现了赵老师对我的期盼和鼓励。赵老师儒雅的风度、渊博的学识和严谨的治学态度令我终生难忘，也使我受益匪浅。赵老师的教诲我将终生铭记，并将在未来的职业生涯中永远鞭策和激励我不懈努力。

感谢昆明理工大学管理与经济学院的各位老师在我博士学习期间和论文写作阶段给予的指导和帮助。特别感谢在论文开题、写作过程中以及论文预答辩和答辩时给予我悉心指导的老师。各位教授，是你们的教诲启迪了我的思维，使我的论文得以顺利完成。感谢攻读博士学位期间，胡元林、陈志芳、宋振华、王建中、卢启程、姚建峰、黄波等博士同窗给予我的热情帮助和无私支持。

　　感谢我所在的工作单位云南财经大学的领导和同事们给予我的激励和支持。你们的支持更加坚定了我从事科研工作、投身高教事业的决心。

　　深深地感谢我的父母和家人。感谢父母对我生活上的照顾，年迈的父母对我学业和工作上的支持、鼓励和殷殷期盼一直是我奋斗的动力。感谢我的姐姐和姐夫对我生活上的关心和收集论文案例资料时的大力帮助。感谢我丈夫对我读博的理解和支持。感谢我年幼的女儿，在我读博期间她的降生和成长给我带来了无尽的喜悦和快乐，也让我承担起了作为一个母亲的重任，内心渐渐变得平和而坚强。

　　感谢云南财经大学学术出版基金的资助，使得我能够将博士阶段的研究成果修改出版。感谢为本书最终出版付出辛劳的各位编辑。本书在研究和写作过程中参考和借鉴了大量国内外的相关研究成果，在此对这些成果的作者表示敬意和感谢。这一刻的完稿，不仅仅是一个漫长而又难忘的阶段的结束，更意味着一个崭新的开端。所有的感激将化作激励我继续前进的不竭动力！

　　限于自己的研究能力，本书还有很多疏漏和不足，衷心期望得到专家、学者和读者们的指正和帮助！

唐　泳

2013 年 6 月

图书在版编目（CIP）数据

基于知识的高技术企业抗风险能力研究/唐泳著. —北京：
社会科学文献出版社，2014.5
（云南财经大学前沿研究丛书）
ISBN 978 - 7 - 5097 - 5907 - 3

Ⅰ.①基…　Ⅱ.①唐…　Ⅲ.①高技术企业 - 企业管理 -
风险管理 - 研究　Ⅳ.①F276.44

中国版本图书馆 CIP 数据核字（2014）第 073369 号

·云南财经大学前沿研究丛书·
基于知识的高技术企业抗风险能力研究

著　　者/唐　泳

出 版 人/谢寿光
出 版 者/社会科学文献出版社
地　　址/北京市西城区北三环中路甲 29 号院 3 号楼华龙大厦
邮政编码/100029

责任部门/经济与管理出版中心（010）59367226　　　责任编辑/蔡莎莎
电子信箱/caijingbu@ ssap. cn　　　　　　　　　　　责任校对/刘　青
项目统筹/恽　薇　蔡莎莎　　　　　　　　　　　　　责任印制/岳　阳
经　　销/社会科学文献出版社市场营销中心（010）59367081　59367089
读者服务/读者服务中心（010）59367028

印　　装/北京季蜂印刷有限公司
开　　本/787mm×1092mm　1/16　　　　　　　　　印　　张/16.5
版　　次/2014 年 5 月第 1 版　　　　　　　　　　　字　　数/230 千字
印　　次/2014 年 5 月第 1 次印刷
书　　号/ISBN 978 - 7 - 5097 - 5907 - 3
定　　价/65.00 元